「心配ぐせ」を無くせば人生10倍豊かになる

植西 聰 Uenishi Akira

ロング新書
Longsellers publishing

まえがき

人間にとって心配事はいろいろあると思います。

「感染症が怖い」

「ガンになってしまうのでは」

「リストラされてしまうのでは」

「経済的にやっていけない」

「将来が不安だ。老後が不安だ」

「パートナーと別れるのでは」

「このままでは結婚できないかも」

このように、心配事というのは挙げたらきりがないと思います。

もちろん生きていれば、誰にだって心配事はあるでしょう。「心配する」というのは人間に備わった自然現象だからです。

この現象は、人間にとって、とても大切なことでもあるのです。

リスクがあることを心配することで、対応策を考え、回避することができるからです。

したがって心配することで、人生を安全に進めていくこともできるようになります。

しかし、この心配が過剰になると問題です。

いつもいつも心配事が続くようになると、心にはマイナスのエネルギーがたまり、悪いことを引き寄せたり、最悪の場合、うつ病になってしまうことさえあります。

実際にありもしないこと、将来起きもしないことを必要以上に想像して思い悩んでしまえば、毎日がつらい日となってしまうでしょう。

したがって過剰な心配事は、できるだけ消し去ってしまうことが大切です。

心配症の人にとっては、なかなかできないのではないでしょうか。

そこで心配事を消し去る方法を、あらゆる場面を通して考えてみたのが本書なのです。

この本を何度も繰り返し読むことで、心配症から脱却し、心配事がなくなる楽しい人生が送れると思います。
読者の皆さんの幸せを心からお祈りしています。

二〇二一年一月一日

植西　聰

目　次

第二章

心配するより、動いてみる……45

第三章　心配事から解き放たれて、のびのび生きる……75

第四章

第五章　心配性を「安心な人生」に役立てる……135

第六章

人間関係、そんな心配はムダ……165

まえがき

第七章

第一章

「どうにかなるさ」と前向きに生きる

1

今を楽しめる時は、今を楽しむのがいい

先々のことをあれこれ先回りして考えすぎない

心配性の人には、先々のことを考えすぎてしまうという傾向が強いようです。

たとえば家族で遊園地に遊びにいったとしましょう。

遊園地は大勢の人たちでにぎわっています。

その様子を見て、「これでは帰りの電車もすごく混みあうに違いない。駅に大勢の人が殺到して、電車に乗りこむまで長い時間待たされることになるかもしれない。そうなったら子供は泣き出すかもしれないし、たいへんなことになるぞ」と心配し始めてしまいます。

「電車が混みあう前に早く帰路につかなくては」と、気が気ではなくなります。

そのために、せっかく家族で遊園地に遊びに来たというのに、楽しむことができま

せん。

心の中はソワソワ、イライラした感情に占拠されてしまうのです。

それは、その本人にとっても不幸なことでしょうし、周りの人たちにも悪い影響を与えます。

遊園地で楽しく遊んでいる時に、「電車が混まないうちに早く帰りましょうよ。電車が混みあい始めたら、たいへんな思いをすることになるんだから」と、せっつかれるようなことを言われたら、家族の人たちはガッカリした気持ちにさせられてしまうでしょう。

心配性の人は、自分のためにも、周りの人たちのためにも、あまり先々のことを考えすぎないように心がけるほうがいいと思います。

一八～一九世紀にかけて活躍したスイスの詩人、ウステリは、

「ランプが燃えているうちに、人生を楽しむのがいい。

バラの花がしぼんでしまわないうちに、バラの花を摘み取ってしまうのがいい」

という言葉を残しています。

「ランプが燃えているうち」「バラの花がしぼんでしまわないうち」という言葉は、「人生を楽しめるうち」と言い換えてもいいと思います。つまり、「人生を楽しめるうちは、大いに楽しむのがいい。

その後のことを考えて、あれこれ心配事をしているのでは、せっかくの楽しい時を大いに楽しむことができない。

それは自分の人生にとって大きな損失になるのではないか」

という意味のことを述べていると思います。

ですから、「遊園地で家族と楽しもう」という時は、帰りの電車のことをあれこれ心配するのではなく、とにかく遊園地にいる時は、家族で楽しむことだけを考えるようにするほうがいいのではないでしょうか。

後で後悔するよりも、今という時間を大いに楽しむ

禅の言葉に、「光陰《こういん》矢の如《ごと》し」というものがあります。

「光陰」とは「時間」の意味です。

「時間が、矢が飛んで行くように、アッという間に過ぎ去っていく」という意味です。

この禅語では、「だから今という時間を大切にする。先々のことに悩むのではなく、今この時に集中することが大切だ。よけいな考え事をしていたら、『今』という時間がアッという間に過ぎ去ってしまう」という意味になります。

とくに「楽しい時間」というものは、そうではないでしょうか。

先々の心配事に頭を悩ませてあれこれ考えているうちに、「楽しい時間」というものはアッという間に過ぎ去ってしまいます。

過ぎ去った後になっては、「楽しい時間」をもう一度取り戻すことなどできません。

人間には、過ぎ去った過去に戻って、その時間をもう一度体験することなど不可能なのです。

ですから「楽しい時間」をみんなで過ごしている時には、その時を大いに楽しむことだけに集中するのがいいと思います。

そうでないと、「せっかくの楽しい時間だったのに、よけいな心配事をしているうちに、楽しい時間は終わってしまった」と後悔することになります。

2 大切なのは楽観的な気持ちで対処策を考えること

「どうにかなる。心配するな」

室町時代の禅僧に一休《いっきゅう》がいます。

「一休さんのトンチ話」として昔話にもよく登場しますから、現代人にもよく知られている人物だと思います。

この一休に次のようなエピソードがあります。

一休は晩年、京都の大徳寺という寺の再建を任されました。

大徳寺は由緒《ゆいしょ》ある大きな寺でしたが、戦乱に巻きこまれて火災にあい、燃えてなくなってしまったのです。

一休は裕福な商人たちを訪ね回り、寄付金を募《つの》って大徳寺を再建しました。

その後、一休は病にかかりました。

死を悟《さと》った一休は、弟子たちを集めて、

「もし自分が死んだ後、大徳寺に問題が起こった時は、これを読みなさい。それまでは絶対に中身を見てはいけない」

と言って、一通の書状を差し出しました。

一休は、「ここに、問題の解決策を書いておいた」と弟子たちに言いました。

その後、一休が残していった書状は、寺で大切に保管され、後継者たちに受け継がれていきました。

一休が死んでから一〇〇年後のことです。

寺の存亡《そんぼう》にかかわる大きな問題が発生しました。

そこで寺の者たちが集まって、一休が残した書状を開けることにしたのです。

その書状には、次のように書かれていたと言います。

「どうにかなる。心配するな」と。

その言葉を見て、寺の者たちはびっくりしませんでした。

それどころか、みなホッと心が安らかになりました。

そして、「そうだ、心配することはない。『もうダメだ』と悲観的になることはない。どうにかしようと思えば、『どうにかなる』だろう」と気持ちを入れ替えて、寺の存続のためにみんなでがんばろうと誓《ちか》い合いました。

実際、寺の者たちは、その問題を乗り越えていくことができました。

この大徳寺という寺は、今も京都に現存しています。

大きな問題事に直面して、様々な心配事で頭が一杯になっているという人には、参考になる話ではないでしょうか。

大切なのは、どんな問題でも思い悩むことではなく、悲観的になることでもなく、「どうにかなる」という楽観的な気持ちで対処策を考えるということなのです。

困った時は、一休みすればいい知恵がわいてくる

一休《いっきゅう》という名前には、「一休《ひとやす》み」という意味がこめられていると言われています。

修行中に出会った禅の師匠が、

「長い人生のうちには何度も困った問題に直面する。

そのたびに辛い思いをしたり、苦しい思いをすることになるだろう。

しかし、思いつめてはいけない。一休《ひとやす》みするのがいい。一休みしているうちに、いい解決策を思いつく」

と教え、その教えにちなんで一休《いっきゅう》という名前を与えたと言います。

その後、一休はこの「困った時ほど一休《ひとやす》みすることが大切だ」という教えを守り、楽観的な精神で生きていったのです。

困った問題に直面した時、普通の人であれば、その問題を早く解決したいと焦《あせ》ります。早く解決しないと、ますます困った事態に入りこんでいくことになると心配するのです。

しかし、皮肉な結果になる場合も多いのです。

「早く解決したい」と焦ってバタバタと動き回った結果、ますます困った事態にはまりこんでいくというケースも多いのです。

むしろ、そういう時こそ一休《ひとやす》みして、落ち着いた気持ちで解決策を考えるほうがいいのです。

3 執着心をなくせばお金のことで心配しない

お金はあってもなくても心配のタネになる

「お金のことで心配事が尽きない」と言う人がいます。

お金がない人は、「このままで暮らしていけるのだろうか。お金のことが心配でしょうがない」と言います。しかし一方で、不思議なことですが、お金をたくさん持っていれば、それで安心ということではないようです。

お金がたくさんあればあったで、「お金のことが心配だ」と言う人も多いのです。

中国の古いことわざには、「貧乏人は今日のことを心配する。金持ちは来年のことを心配する」というものがあります。

貧乏人は今日食べるものの心配をしなければなりません。今日何かを買うお金や、どこかへ行くための電車賃の心配をしなければなりません。

一方で、お金持ちは、今日使うお金のことに心配する必要はないかもしれません。しかし、「将来的に、何かのアクシデントに見舞われて、せっかく溜めたお金を失ってしまうのではないか」

「だまされて全財産を悪い人間に奪われてしまうことになるのではないか」

「自分が死んだ後、自分が残した財産のために子供たちが相続争いを引き起こすことになりはしないだろうか。」

といった心配にいつも心を悩まされているのです。

そのことを、先ほどの中国のことわざは「金持ちは来年のことを心配する」という言い方で表しているのです。

現代の日本で暮らしている人たちにも理解できることわざではないでしょうか。

結局、お金はあっても、なくても、心配のタネなのです。

お金に関する心配事というのは、その人の心に大きなストレスをもたらします。イライラしたり、心が怒りにとらわれてしまいます。「お金の心配」のために体調を崩す人もいるでしょう。

それはその人にとって、けっして幸福なものではないはずです。

「お金の心配」から解放されて、心安らかに暮らしていけてこそ、人生は幸福なのではないでしょうか。

今あるお金を自分や家族の幸せのために有効に使う

仏教の創始者であるブッダは、

「お金への執着心をなくし、一切のお金を持ってはならない。そうすればお金のことで悩むこともなくなる」と教えました。

実際、ブッダやブッダの弟子たちは、まったくお金を持たず、食べ物や衣服や暮らす家はすべて信者たちからの施《ほどこ》しに頼っていました。

現代社会では、二五〇〇年前のブッダのように「まったくお金を持たず、他人からの施しによって生きていく」ということは不可能かもしれません。

最低限の生活をしていくためには、ある程度のお金は必要になってくるでしょう。

ただし、「お金への執着心をなくす」ということはできると思います。

そして、この「お金への執着心をなくす」ことによって十分に「お金のことで心配しない」生活を実現できるのではないかと思います。

「もっといい暮らしをしたい。そのために何がなんでもお金を儲けたい」「今持っているお金を一円も減らしたくない。もっともっとお金を溜め込みたい」

そのようなお金への強い執着心をなくすように心がければ、たとえ貧乏であっても、あるいはお金持ちであっても、心安らかに暮らしていけるのではないでしょうか。

まさにお金への執着が「お金の心配」の原因になっていることも多いのです。

もちろん、日々、自分がしなければならない務《つと》めをコツコツ果たしていき、その報酬として得られたお金は多かろうが少なかろうが不満に思わず、ありがたく受け取ります。

しかし、それ以上のお金を得ることを考えず、またケチケチした考えでお金を溜め込むことだけに一生懸命になってはいけません。今あるお金を自分や家族の幸せのために有効に使っていくのです。

そのような心構えで、お金に執着することなく暮らしていくことで「お金の心配」でストレスを溜め込むこともなくなるのではないでしょうか。

4

人を愛することを最優先して生きる

金銭や名誉を愛する人には「裏切られる心配」が尽きない

古代ギリシャの哲学者、エピクテトスは、

「金銭や名誉を愛する者は、人を愛することができない」という言葉を残しています。

あらゆる他人というのは「愛する対象」ではなく、「お金儲けや出世のために利用する道具」としか考えられなくなる、という意味なのでしょう。

そういうタイプの人は、自分から人を愛さないばかりでなく、誰からも愛されることはありません。

それだけ寂しい人生を生きていくことになるのではないでしょうか。

そればかりではありません。

周りの人たちから、「いつ裏切られるか」「いつだまされるか」ということをいつも心配しながら生きていくことにもなると思います。

自分が金儲けや出世のために利用する道具として他人のことを考えている人は、同じように他人も、自分を金儲けや出世のために利用する道具としてしか見なしていないと考えるようになります。

他人は、一見親しげに振る舞いながらも、内心では「スキがあったら、この人が持っている財産を奪ってやる」「この人を今の地位から引きずり降ろして、自分がその地位についてやる」と考えているのではないかと心配になってきてしまうのです。

そんな心配事に一生心を乱されながら生きていくことが、果たして幸せなのでしょうか？　どんなにお金があっても、高い地位についていても、けっして幸せを実感できることはないと思います。

そういう意味では、人はやはり「お金や地位を愛する」よりも「人を愛する」ことを優先して生きていくほうがいいと思います。

人を愛すれば、周りの人たちも自分を愛してくれるでしょう。

たとえお金や地位がなくても、周りの人たちのあたたかい愛情に囲まれて生きていくほうが、幸せを実感できるのではないでしょうか。

猜疑心から二人の腹心を切った秀吉

戦国時代の武将、豊臣秀吉には重要な腹心《ふくしん》が二人いました。

一人は、軍師《ぐんし》の黒田官兵衛《くろだかんべえ》です。

もう一人は、茶人の千利休《せんのりきゅう》です。

黒田官兵衛は、戦《いくさ》の際に、どう戦うかの作戦を立てたり、敵の動向を探る働きをしたりしました。

一方で、利休はいわば文化人として、朝廷や有力商人たちと強い人脈を持っていました。利休は、その人脈を使って、秀吉と朝廷の公家《くげ》たちを引き合わせたり、あるいは有力商人からの資金調達などの役割を担いました。

二人ともとても有能な人物で、秀吉が天下を取り、関白にまで出世するのを大いに助けました。

しかし、天下人になった秀吉は、黒田官兵衛や利休の貢献に感謝して引き立ててやることはしませんでした。この二人に対して、「自分が築き上げた地位や財産をひそかに狙っているのではないか。自分を裏切ってやろうと考えているのではないか」という心配にとらわれるようになったのです。結局、秀吉は黒田官兵衛を側近から遠ざけ、地方へ左遷《させん》しました。利休には死罪を申しつけて殺してしまいました。

秀吉という人物は、若い頃は人を愛する人情味のある人物だったのでしょう。

しかし天下人になってからの晩年は、古代ギリシャの哲学者エピクテトスの言葉を借りれば、「金銭や名誉を愛するあまり、人を愛することができない」という人間になっていたのかもしれません。ですから、「いつ裏切られるかわからない」という心配で、頭が一杯になっていたのでしょう。

お金や名誉を手にしたばっかりに、この秀吉のように「人が変わってしまう」という事例はよくあるように思います。

最後まで「お金や地位を愛するよりも、人を愛することを優先する」人間であるほうが幸せに生きられると思います。

5 将来のことは「運任せ」で生きていく

ささいな心配で、せっかくのチャンスを失ってはいけない

人生の大きな決断をする時は、誰でもがこれからの人生について心配の感情を抱きます。

たとえば、結婚です。

相手を信頼し、「この人ならだいじょうぶ」と確信していたとしても、いざ結婚を決断する時になれば、誰もが、「本当にこの人と結婚して、私は幸せになれるのだろうか」と、心配に思う瞬間があるのではないでしょうか。

中には、そこで、「結婚式場の予約もし、新婚旅行も申し込んだけれど、あなたとの結婚についてはもう少し考えさせてほしい」と言い出す人も出てくるかもしれません。

「今さら何を言っているんだ。私を信用していないのか」と相手を怒らせてしまい、理想の相手が離れていってしまうというケースもあるようです。

長年勤めていた会社を途中退職し、自分で何か事業を始めるという人の場合も同じだと思います。

事前準備をしっかりやり、「絶対にうまくいく」という自信があったとしても、いざ退職をする時になれば、

「もし失敗したらどうしよう。私は破滅することになるかもしれない」という心配が頭をかすめる時もあると思います。

辞表を書き、あとはそれを上司に出すだけという時になって、「やっぱり思い留まったほうがいいのではないか」といった迷いに心を揺さぶられてしまう人もいるのではないでしょうか。

しかし、そのような心配性から、いったん決めたことを思い直しグズグズしているほうが、自分の人生に悪い結果をもたらしてしまうケースが多いようです。

独立して成功するというチャンスを逃してしまったために、その後、日の目を見な

い人生を送ってしまうという人もいます。

「そうする」と決断し、「だいじょうぶ」という確信や自信がある時は、心にふと浮かぶ心配事に惑わされることなく、そのまま真っすぐ突き進んでいくほうが成功する確率が高いのです。

それが実りある人生を切り開いていくコツになるのです。

未来のことは「運に任せ」て、やるべきことをやっていく

心配性から決断力や行動力がにぶりそうになった時、そんな自分の背中を押して勇気を与えてくれる言葉があります。

「任運《にんうん》」という言葉です。

これは禅の言葉で、「運《うん》に任《まか》せる」とも読みます。

「将来どうなるかということを心配してもしょうがない。いったん決断したからには、今後どうなるかということは運に任せ、自分自身としてはやるべきことをたんたんと進めていくしかない」という意味を表しています。

禅僧は「悟《さと》りを得る」ことを目指して、厳しい修行生活に入ります。

しかし、厳しい修行を何年続けようと、悟りが得られるという確証はありません。どんなに厳しい修行を行おうと、何の悟りも得られないまま一生が終わってしまうというケースもあるのです。

しかし、「任運」という言葉は、「悟りが得られるかどうかなど心配してもしょうがない」ということを意味しているのです。

「悟りが得られるかどうかは運に任せて、日々やるべきことをたんたんとこなしていくのが大切だ」というのです。

悟りが得られるかどうかなどという心配は、かえって心の迷いの原因になってしまいます。心配事のために、かえって悟りから遠ざかってしまうのです。

ですから「結果は運に任せて、よけいなことを考えないようにするほうがいい」ということです。

心配性のために心が動揺した時には、この「運に任せる」という言葉を思い出すことで、気持ちが静まるのです。

6 恋人だからこそ笑って済ませることができる

傷つけられることを心配して、恋人を作れない

最近の若い人には、「恋人と呼べるような相手はいない」と言う人が多くなっているという話を聞きました。

といっても差しさわりのないつき合いをしている異性の友人はたくさんいるのです。しかし、深いつき合いのある恋人はいないのです。

なぜ恋人と呼べるような相手を持たないのかと言えば、「相手から傷つけられるのが心配だ」と言います。

確かに差しさわりのないつき合いをしていれば、相手から傷つけられることは少ないのかもしれません。そういう相手は人に気を使ってものを言ってくれます。遠慮して、あからさまに人を非難するようなことも言わないでしょう。

しかし、その相手との関係が深まって恋人同士になれば、時に傷つけられることも多くなるのでしょう。

恋人は遠慮なしに、本音でズバズバとものを言ってくるので、その言葉の中には自分の心にグサリと突き刺さるようなものもあるかもしれません。自分を批判したり、時には悪口としか思えないようなことを平気で言ってくることもあるでしょう。

ですから、最近の若い人は、異性の友人と差しさわりのないつき合いはするのですが、それ以上に関係が深まるようなつき合いは避けようとするのです。

自分のホンネや、本当の姿は隠して、表面的なつき合いしかしません。

話題がプライベートな領域に入ってくるのも、できるだけ避けようとします。心の悩みを打ち明けたりするようなこともしません。

このような傾向が極端になっていくと、場合によっては、引きこもりになってしまう人もいるようです。

また、最近では友人と呼べる人間はインターネットを通して知り合った相手ばかりで、顔と顔を合わせて親しく話をする相手などいないという人もいるようです。

しかし、「傷つけられることを心配するあまり、人と深いつき合いを持たない」ということは、けっしていいことではないと思います。

本当に怖いのは、一人ぼっちの境遇におちいってしまうこと

昭和時代の小説家である三島由紀夫《みしまゆきお》は、

「傷つけられることを心配する人は、重い鎧《よろい》を身につける。しかし、たびたび、その重い鎧のために自分が傷ついてしまう」といった言葉を残しています。

「重い鎧を身につける」というのは、「ホンネやプライベートのことを隠し、表面的なつき合いしかしない」という意味に理解できると思います。

あるいは、「自分の殻《から》に閉じこもって、他人と言葉を交わしたりする機会を減らす」ということをも表しているのでしょう。

しかし、そのような生活スタイル自体が、自分自身を傷つける心配を生み出すと、三島由紀夫は述べているのです。

恋人から傷つけられることはないかもしれませんが、たとえば、そのような生活を

続けていればどこかで、「私とはなんて孤独な人間なんだろう。恋人が一人もいないなんて寂しい限りだ」という思いに傷つくことになるのではないでしょうか。

孤独である自分の境遇にみずから傷つくのです。

そのことを、三島由紀夫は、「その重い鎧のために自分が傷ついてしまう」と表現したのではないかと思います。

恋人からホンネでズバズバと言われて傷つくことと、みずからの孤独感によって傷つくことを比べれば、心に受ける傷は後者のほうがずっと大きく深いように思います。恋人から傷つけられるようなことを言われても、心が通い合った恋人から言われたことであれば、すぐに忘れられます。その場で、笑い話として済ませることもできるでしょう。

しかし、みずからの孤独感によって受けた心の傷は、その後長く痛みを残します。

ですから恋人に傷つけられることをあまり心配する必要はないと思います。むしろ怖いのは、恋人なんて一人もいない孤独な境遇におちいったまま、そこから抜け出せなくなってしまうことです。

7 敵ばかりではない、味方も多いと知る

「周りの人間は敵ばかり」と思えてきた時の対処法とは

ビジネスの現場では、日々厳しい競争が繰り広げられています。

そのような競争社会に身をさらしていると、人はどうしても「自分の周りは敵ばかりだ」という思いにとらわれるようになりがちです。

同じ職場で働く同僚も、上司も、部下も、取引先も、たまたまパーティなどで知り合う相手も、勉強会で顔見知りになった相手も、みな自分の敵のように思えてくるのです。

周りにいる人間は誰もが、内心では、「スキあらば、この人を蹴落《けお》として、自分がのし上がってやる」と、自分を狙っているのではないかと思えてくるのです。

会う相手はすべて、「うまいことを言って、自分の持っているアイディアや知識や

人脈を利用してやろう」と考えているように思えてくるのです。

　こういう心境になると、

「いつ周りの人間たちから足を引っ張られるかわからない。アイディアや知識や人脈を奪われるかわからない」という心配に悩まされることになります。

　このような精神状態で仕事を続けていくことは、本人にとってけっしていいことではありません。

　人間関係が何かとギクシャクしてしまう原因にもなるでしょう。

　ストレス過剰になって、心身の健康を崩すことにもなりかねません。

　そうなれば、仕事の効率も落ちるでしょう。

　気持ちが落ち込んで、仕事に前向きに取り組むこともできなくなるでしょう。

　ちなみに、この「自分の周りは敵ばかりだ」という心境におちいってしまいがちなタイプの人は、いわゆる「野心が強いやり手」に多く見受けられるようです。

　人一倍「出世したい。偉くなりたい。成功したい。名声をほしい。お金がほしい」という気持ちが強い人です。

じつは、このタイプの人自身が、「スキあらば、周りの人を蹴落《けお》としてまで、自分がのし上がっていきたい」「他人が持っているアイディアや知識や人脈を利用してでも、自分が成功をつかみたい」という気持ちが強いのです。

その反動の感情として、周りの人たちも自分のことを「蹴落としてやる」「利用してやる」と狙っているように思えてくるのです。

自分が周りの人たちを敵と見なしているために、同様に周りの人たちから自分が敵視されているように思えてくるのです。

みんなで一緒に向上していこうという考えに切り替える

大正から昭和時代にかけて活躍した評論家、生田長江《いくたちょうこう》は、

「自分の前にいっぱい敵が現れる。その時は後ろを振り返ってみればいい。味方もいっぱいいることがわかる」といった言葉を残しています。

「自分の前にいっぱい敵が現れる」という言葉は、「前ばかり見ているから、敵しか見えてこない」と言い換えてもいいと思います。

そして「前ばかり見ている」とは、つまり「強い野心のために、自分の出世や自分の成功のことしか頭にない」という精神状態を表す言葉として読むこともできると思います。

「後ろを振り返ってみればいい」というのは、「その強い野心を少し弱めてみる」という意味です。

もちろん向上心を持つことは悪いことではありません。ただし、野心が強くなりすぎると、それは精神のバランスを崩す原因になりかねないのです。

ですから、生田長江は「自分だけが出世したい。自分が成功できればそれでいい」という思いを和らげて、「みんなで一緒に向上していこうという考えに切り替えるほうがいい」ということを述べているのです。

「そうすれば周りの人たちはけっして敵ではなく、良き仲間、良き協力者であることがわかる」と、この生田長江の言葉は語っているのではないでしょうか。

「周りの人たちは良き仲間、良き協力者だ」と信じて働いていくほうが、安心して仕事に打ち込めると思います。

〈「どうにかなるさ」と前向きに生きる〉一章のまとめ

01＝今を楽しめる時は、今を楽しむのがいい

02＝大切なのは楽観的な気持ちで対処策を考える

03＝執着心をなくせばお金のことで心配しない

04＝人を愛することを最優先して生きる

05＝将来のことは「運任せ」で生きていく

06＝恋人だからこそ笑って済ませることができる

07＝敵ばかりではない、味方も多いと知る

第二章

心配するより、動いてみる

8

心配事は妄想《もうそう》にすぎないと知っておく

「大きな影」を見て心配しているだけではないのか？

北欧《ほくおう》のことわざに、

「心配しすぎると、小さな物に大きな影が宿る」というものがあります。

「小さな物に大きな影が宿る」とは、「実際にはたいしたことではないのに、何かと大げさに考えてしまう」ということです。

それが、「心配性になっている人の特徴だ」と言っているのです。

たとえば、いつも一〇〇点満点ばかり取ってくる優秀な子供が、今回のテストでは九〇点だったとしましょう。

九〇点でも立派な成績に違いないのですが、心配性の母親はとかく、「成績がこんなに下がってしまった。この子の未来は絶望的だ。この子は、このままどんどんバカになってしまうのではないか。どうすればいいのか」と大げさに考えて思い悩んでしまいがちです。

このように心配性の人は、ほんのちょっとしたネガティブな出来事に対して過敏な反応をしてしまい、とかく大げさなことを考えてしまうのです。

これは心配性の本人にとっても不幸なことですし、心配を焼かれる相手にとっても辛いことだと思います。

子供のテストの点数が一〇〇点に一〇点足りなかっただけで、その母親は子供の将来に対して悲観的な気持ちになってしまい、そのために食事も喉《のど》を通らず、夜もよく眠れないという状態になってしまうかもしれません。

それはかりでなく、子供も辛い思いをすることになるのです。

悲観的な思いで一杯になっている母親に影響されて、子供自身も自分に対して自信を失ってしまうことになると思います。

子供は自分をダメな人間だと感じ、がんばっていく意欲を失って、テストの点数は九〇点からさらに悪化していくことにもなりかねないのです。

このような時に子供を救うのは、心配性の母親ではなく、楽観的で前向きな母親ではないかと思います。

楽観的で前向きなタイプの母親であれば、「たまには、そういうこともあるわよ。あまり気にすることはないわ」と慰め、「次またがんばればいいんだから」と励ますこともできるでしょう。

そのように母親から言われれば、子供も素直に「次は絶対に一〇〇点満点だ」とやる気になることができると思います。

心配性で悲観的な母親が子供をダメにし、楽観的で前向きな母親が子供を伸ばしていくということです。

妄想を捨て去って真実に気づくと前向きな気持ちになれる

禅には、「心配事など妄想《もうそう》にすぎない」という考え方があります。

ですから禅では「莫妄想《まくもうそう》」と言うのです。

「莫《まく》」とは「禁止」を表す言葉です。

つまり、「するな」ということです。妄想するな。現実だけを見て生きていくのが正しい――ということです。

「心配事などすべて妄想にすぎない」と言っているのです。

一〇〇点にたった一〇点足りなかっただけで、「この子の将来は絶望的だ」と心配してしまうのは、まさに「妄想」にすぎないのではないでしょうか。

言い換えれば、この母親はみずから作り上げた妄想に振り回されているに違いないのです。

自分が妄想にとらわれているにすぎないことに気づき、そしてその妄想を捨て去った時、その母親は「真実」に気づくことができるのです。

真実とは、「一〇〇点にたった一〇点足りなかったことなど、たいしたことではない」ということです。

また「気持ちを入れ替えてがんばれば、また一〇〇点が取れるだろう」ということです。

妄想を捨て、真実に気づいた時、その母親は心配事から解放され、楽観的で前向きな気持ちにもなれるでしょう。

9

問題解決のヒントは「現在」にしかない

将来のことを心配するのではなく、現在の現状について考える

「将来のことを心配する」ということと「問題を解決する」ということは、性質が異なるものだと思います。

将来のことをいくら心配していても、今現在抱えている問題は解決しないでしょう。

たとえば、お店を経営している人が、最近お客さんが来てくれないことに悩んでいるとしましょう。

売り上げがどんどん下がっているのです。

そのお店の経営者は、「このままでは店がつぶれてしまう」と心配しています。

しかし、いくらお店がつぶれることを心配したとしても、お客さんが増えるわけではありません。

もちろん売り上げが回復するわけでもありません。

むしろ心配事ばかりに気を取られて、商売に身が入らなくなり、ますますお客さんが減っていくことにもなりかねません。

「お客さんが減っている」「売り上げが落ちている」ということを心配することと、「お客さんが減っている」「売り上げが落ちている」とは別問題なのです。

もちろんお店の商売がうまくいっていない時、将来のことが心配になってくる気持ちは理解できます。

誰でもが心配事に気を取られてしまうでしょう。

しかし、この問題を解決するためには、心配に思う気持ちはひとまず横に置いておいて、「どうすれば、たくさんのお客さんに来てもらうことができるのか」「どうすれば売り上げを回復させることができるのか」を考えなくてはならないと思います。

「将来のことを心配する」のではなく、「現在の問題について考える」のです。

考えることによって初めて問題を解決するヒントが見つかります。

お客さんを増やし、売り上げを伸ばしていくためのアイディアをつかむことができるのです。

問題は目の前にあり、問題解決のヒントも目の前にある

禅に「現成公案《げんじょうこうあん》」という言葉があります。

「現成」とは、「今現在の現状」という意味です。

「公案」とは「問題を解決する」ということです。

つまり、この禅の言葉は、

「将来のことをあれこれ心配して思い悩むよりも、今、目の前に存在する問題をどう解決するか具体的に、また実践的に考えていくことが大切だ」という意味を表しているのです。

言い換えれば、

- 問題は今現在に存在している。
- その問題を解決するための方策も今現在にしかない。

ということです。

「心配する」とは、「将来のことへ意識を向ける」ということです。

しかし、「問題を解決するための方策」は「将来」にはないのです。

ですから、いくら将来のことを心配していても、問題解決策は見つかりません。

「今現在の現状」だけを意識し、その中から問題解決策を見つけ出すことが大切なのです。


先ほどの事例に即して言えば、売上が落ちたのは、

「サービスが悪かったために、お客さんが減った」

「品揃えが悪かったために、お客さんが離れていった」

といったように、問題がどこにあったかがはっきりとわかってきます。

そうすれば、

「もっとお客さんに喜ばれるようなサービスを心がけよう」

「魅力ある商品をもっと豊富にそろえよう」

という方策もわかってくるのです。

つまり、「今現在の現状」だけを見て考えることが大切なのです。

10

目的へ向かっていく歩みを止めない

立ち止まっているから、心配事が増えていく

サーカスなどの見世物《みせもの》に、綱渡りがあります。

高いところに渡された綱の上をバランスを取りながら歩いていく、というものです。

この綱渡りをする人にとって、もっとも怖いのは、綱の上で立ち止まっている時だという話を聞いたことがあります。

綱の上を歩いている時には、比較的うまくバランスを取ることができます。

ですから、「綱から落ちてしまうのでは」という心配に心を惑わされることはあまりありません。

しかし、綱の上で立ち止まっている時は、バランスを取るのは難しいのです。

体が揺れたり、足が震えたりして、バランスを崩し、綱から落ちる恐怖心を強く感じると言います。

この話を聞いていて、人生も同じだと思いました。

「目的に向かって歩いている時」は、心が安定しているのです。

しかし、「立ち止まっている時」は、心が不安定になって、よけいな心配事に心を惑わされることになりやすいのです。

たとえば、「お金が足りない。将来が心配だ」と嘆《なげ》く人がいます。

その人は、きっと、その問題を解決するために努力していく道の上で「立ち止まっている」のではないでしょうか。

一方で、より良い収入を得るために、まじめにコツコツがんばって、誠実に仕事をこなしている人がいます。

そのように自分の目的に向かって着実に「歩いている」人は「お金が足りない。将来が心配だ」という心配事に心を惑わされることはあまりないのではないでしょうか。

むしろ、より良い収入を実現できた日のことを夢見て、その日がやってくることを楽しみに、明るい気持ちで暮らしているのではないでしょうか。

ですから、「お金が足りない。将来が心配だ」と嘆く人は、どうすればその状況から抜け出せるかを考え、後はそれに向かって一歩一歩前進していくことです。とにかく努力を始めることです。努力していれば人は安心できるのです。

「今できること」を考えて、心配事を打ち消す

相撲の力士が、こんな話をしていました。

その力士は昔、ケガでまったく稽古《けいこ》ができなくなった時があるそうです。いくら稽古をしたくても、一日中寝ているしかありませんでした。もちろん何もすることはありません。

その力士は、「あの時ほど『自分は力士として今後やっていけるのか。このまま引退するしかないのではないか』という心配にとらわれたことはなかった」と話していました。

ケガをする以前、一生懸命に稽古に励むことができていた時には、「自分はやっていけるのか」といった心配に悩まされることはなかったのです。

しかし、ケガをして「稽古ができない。何もすることがない」という状況に追い込まれたとたん、将来への心配事で頭が一杯になってしまったと言うのです。

仕方なく、その力士は、ケガで休養している間、取組みのビデオを見て相撲の技術を向上させるための研究を熱心にしたそうです。

体を使って稽古することはできませんでしたが、頭を使っての研究に没頭《ぼっとう》することで、少しは「このまま引退するしかないのではないか」という心配からは解放されたと言います。このエピソードも参考になると思います。

やはり人間にとっては、「着実に努力していくこと」がもっとも良い精神安定剤になるのでしょう。

病気で入院したり、何かのアクシデントで、「努力したいができない」という人もいるかもしれません。

しかし、この力士がケガで休養中に、取組みのビデオを見て相撲の技術の研究をしたように、どんな場合でも自分の目的に向かって努力できるものがあるはずです。

それを見つけて前に歩んでいくことが心配事をなくすために大切だと思います。

11

「あきらめない」と「開き直る」を共存させながら使い分ける

持って生まれた性格的な欠点と上手につき合っていく方法

自分の性格的な欠点のために、自分の将来のことをあれこれ心配している人も多いのではないでしょうか。

「私のような性格の女を、将来『お嫁さんにしたい』と思ってくれる男性が現れるだろうか。心配でしょうがない」

「私のような性格の人間が、人をまとめる管理職について、強いリーダーシップを発揮していくことができるのだろうか。心配が尽きない」

といった人です。

そんな心配から解放される方法は二つあるように思います。

- 自分の性格的な欠点を克服するように、あきらめずに努力すること。

・「持って生まれた性格だから、しょうがない」と開き直ってしまうこと。

ここで注意しておきたいことがあります。

方法を二つ挙げましたが、どちらか一方の方法を選択するように勧めているわけではありません。

この二つの方法を、ケース・バイ・ケースで上手に使い分けていくように心掛けるのがいいと思います。

「あきらめずに努力する」ことと「しょうがないと開き直る」ことは相矛盾していることのようにも思えますが、この二つの方法を共存させながら上手に使い分けていくことも可能だと思います。

むしろ、そのように共に実践していくほうがいいと思います。

一つの事例を紹介しましょう。

アメリカの、ある映画俳優の話です。

彼は子供の頃、とても内気でシャイな少年だったと言います。

そのために人と上手く話をすることができず、友だちもいませんでした。

彼は子供ながらに、「このままでは、僕は幸せな人生を築いていくことができないのではないか」と心配になりました。

そこで彼は、そんな内気な性格を克服するために、俳優養成のスクールに通うようになったのです。

演技する技術を学ぶことで、内気な性格を克服したいと考えたのです。

彼は熱心に努力しました。

その結果、積極的に自分の意見を発言し、周りの人たちと上手くコミュニケーションが取れるようになりました。

その結果、自分自身の人生に自信を持てるようにもなりました。

克服する努力を実践していきながら、時には開き直る

その後、彼はプロの俳優になって、脇役《わきやく》として映画にも出演するようになりました。

しかし、以前のような内気な性格はだいぶ改善できたものの、持って生まれた性格というものはどうしても変えられなかったのです。

映画で演じる役柄の中に、どうしても内気でシャイな印象が出てきてしまうのです。彼は、「これではヒーローである主役が自分に回ってくることはないだろう」と、ふたたび心配にとらわれるようになりました。

その時、彼は開き直ったと言います。

「内気でシャイという持って生まれた性格は変えられない。ならばこの性格を生かすような演技をしよう。主役などになれなくてもいい。『内気でシャイなところのある脇役』として、観客に好感と共感を持ってもらえるような役者になろう」と、開き直って考えたのです。

その後、彼は「味のある演技をする脇役」として人気を得ました。

「自分の性格的な欠点を克服するための努力をする」ことも大切だと思います。

しかし、場合によっては、「性格は変えるのは難しい。ならばこの性格のまま、それを生かす方法を考えよう」と開き直ることも大切なのです。

そして「努力」と「開き直り」を、一人の人間の中で矛盾させることなく、共に実践していけるということを、この映画俳優の事例は教えてくれているように思います。

12 運命は神様が考えること、神様に任せておけばいい

自分の強運を信じることができれば、心配事など何もない

人間であれば誰でも、自分の運命について考えることがあると思います。
素直に「私は強運の持ち主だ」と信じることができる人はいいのです。
そういう人は何も思い悩むことはありません。
自分の将来について何も心配することはありません。
自分が信じる道を突き進んでいけばいいのです。
昭和時代の実業家、松下幸之助《まつしたこうのすけ》が、そういうタイプの人だったと言います。
太平洋戦争中の出来事です。松下幸之助がまだ若い頃の話です。
彼は仕事の用件で船に乗ることになりました。
その船に乗って沖に出たところ、アメリカの潜水艦の攻撃を受けてしまったのです。

船は沈没してしまいました。そして彼は海に放り出されてしまいました。しかし、たまたま板が流れてきて、それに掴《つか》まって九死に一生を得ることができました。

その際、彼は「自分はなんて運のいい人間なんだろう」と思ったそうです。

同じようなケースで、もし命が助かることができたとしても、「アメリカの潜水艦に見つかって攻撃を受けるなんて、なんて不運なんだろう」と考える人もいるのではないでしょうか。

しかし、松下氏は、そのような発想はしないタイプの人でした。

どんな事態に見舞われても、そのいい面をとらえて、「私は強運の持ち主だ」と信じることができるタイプの人だったのです。

このような考え方ができる人であれば、自分の運命について心配することはないでしょう。

しかし、誰もが松下氏のように、自分の強運を信じることができるタイプの人間ではありません。

頭から「自分は不運な運命を背負って生きている」と信じ込んでしまっているタイプの人もいます。

そのようなタイプの人は、どのようにしてネガティブな思考法を変えていけばいいのでしょうか。

自分の運命など考えるよりも、自分らしく生きることを考える

頭から「自分は不運な運命を背負って生きている」と信じ込んでいるタイプの人は、ほんのちょっとしたアクシデントに見舞われただけでも、すぐに絶望的な気持ちになってしまいがちです。

たとえば、道を歩いている時に、段差につまずいて転んだだけでも、「やっぱり私は不運な人間なんだ。不運なことばかりに見舞われるのは、自分の運命なんだ」と、絶望的な気持ちになってしまいます。

そして、「これからも私の人生には何一ついいことなんてないんじゃないか」という心配で気持ちを暗くしながら生きているのです。

このようなタイプの人に、「悲観的な考え方を捨てて、自分の強運を信じなさい」と勧めても、すぐには発想を転換できないかもしれません。

習慣となって身についている発想を変えるのは、なかなか難しいことなのです。

無理をして自分の強運を信じなくてもいいのです。

むしろ「自分の運命について、いいか悪いかなどを考えない」ということを心掛けるほうがいいかもしれません。

明治時代の小説家、夏目漱石《なつめそうせき》は、

「運命は神が考えることだ。人間は人間らしく働けば、それでいいのだ」という言葉を残しています。

自分の運命のことなど神様に任せてしまうのです。

そして「自分は運がない。不運の持ち主だ。運から見放されている」などといったことは考えずに、自分がすべきことを無心にたんたんと進めていけばいいのです。

「運」などという考えに振り回されることなく、自分らしく生きていくことだけを考えるのです。

13 自分の力でがんばるから自信がついていく

いい上司に恵まれるより、悪い上司の下のほうがたくましく成長

仕事のやり方を何も知らない新入社員にとって、大きな心配事の一つは「いい上司や先輩に恵まれるだろうか」ということではないかと思います。

いい上司や先輩に恵まれれば、上手な仕事のやり方を教わって、早く仕事の実力をつけられるようになります。

また、早く社内で存在感を発揮し、みんなから認められるようになれると思います。

もしいい上司や先輩に恵まれなかったら、いつまでも仕事のやり方を覚えることができません。

いつまでもマゴマゴしている間に出遅れて、他の同期入社の同僚たちからどんどん差をつけられてしまうかもしれません。

そうなれば、「いい上司や先輩に恵まれない」という気持ちも強まります。

しかし、現実的には、いい上司や先輩に恵まれることは、必ずしもその人にとって幸運なことであるとは限らないのです。

確かに、いい上司や先輩は適切なアドバイスをしてくれるでしょう。

そのアドバイス通りにしていれば、早く仕事を覚えることができるかもしれません。

しかし、それは本当の意味で「仕事の実力が身につく」ということではないのです。

人から言われたことを、言われた通りにやっている、ということでしかないのです。

本当の意味での仕事の実力とは、自分の考えで仕事をこなし、壁や山にぶつかりながら自分の力でそれを乗り越えていってこそ、身についていくものなのです。

ですから、いい上司や先輩からのアドバイス通りにやっていても、本当の意味での仕事の実力は身につかないのです。

仕事を覚えるのは早いかもしれませんが、どこかで壁や山にぶつかった時、ヘナヘナとなってしまいやすいのです。

たとえて言えば、自然に自生した植物は強いのですが、人工的に育てられた植物は弱いのと同じことです。

かえって新入社員の時に、いい上司や先輩に恵まれなかった人のほうが、その後たくましく成長していくことが多いようです。

つまり、「いい上司や先輩に恵まれるだろうか」といったことについて、あまり心配しないほうがいいのです。

どんな喜びも、その背中には苦しみを背負っている

昭和の実業家である盛田昭夫《もりたあきお》は、

「新入社員は上司や先輩から教わるな。会社にとって大事なのは、その人の実力である。コーチなしで、自分で苦労して、努力して伸びていくのがいい」という言葉を残しています。

いい上司や先輩に恵まれると、人はつい「自分で苦労し、自分で努力していくこと」を怠《なま》けてしまいがちなのでしょう。

いい上司や先輩に頼り切ってしまうのです。

しかし、それは自分の将来のためには良くありません。

「上司や先輩に頼らずに、自分で苦労して、自分で努力してこそ、実力はついていく」と、盛田昭夫は言っていると思います。

ギリシャのことわざには、

「どんな喜びも、その背中には苦しみを背負っている」というものがあります。

実力を発揮して大きなことを成し遂げれば、その喜びにも大きなものがあります。

ただし、その人が大きなことを成し遂げられる実力を身につけるまでには、たくさんの「自分で苦労してきたこと。自分で努力してきたこと」があるのです。

自分で苦労するから実力がつき、実力がついたからこそ大きなことを成し遂げられたのです。

そして、「がんばってきてよかった」という大きな喜びが得られるのです。

そういう意味のことを、このギリシャのことわざは述べているのです。

新入社員の時に全てを上司や先輩に頼ってきた人は、そのような喜びを得られないまま終わるかもしれません。心配すべきは、むしろそのほうだと思います。

14

対人恐怖症は誰にでもあり、必ず治る

「対人恐怖症」は自分だけの特別な症状ではない

心理学に「対人恐怖症」と呼ばれるものがあります。

「人に会うことが怖い」と感じる現象です。

たとえば、若い独身男性の中には、「女性の前に出ると、つい顔が赤らんでしまう」という悩みを持つ人がいます。

そのために、「あの人の前で、また顔が赤くなってしまったらどうしよう」と心配して、相手が誰であれ女性の前に出ることに強い恐怖心を感じるようになります。

そして、女性を避けるようになるのです。

同い年の女性がたくさん来るというパーティに誘われても、断るようになります。

心の内では「参加したい」という気持ちがあっても、「顔が赤くなったところを女性に見られるのが恥ずかしい」という思いから断ってしまうのです。

そして、恋人を作るために、積極的に女性に話しかけることもしないようになります。たとえ女性のほうから声をかけられることがあっても、ごまかすようなことを言ってその場から逃げ出してしまいます。

お見合いの話があっても、乗り気な様子を見せません。

相手の女性に興味を感じたとしても、色々理由を述べて断ってしまうのです。

相手の前で「顔が赤くなってしまう」ことが心配で、「女性と話したい」「恋人を作りたい」「結婚したい」という本心をみずから覆《おお》い隠してしまうのです。

このような人生を送っていくことは、その本人にとって不幸なことだと思います。

そのような対人恐怖症を克服する方法はないのでしょうか？

大切なポイントをまず二点あげておきたいと思います。
●「対人恐怖症」は多かれ少なかれ誰にでもあると知っておく。
●少しずつ慣れていくことで、「対人恐怖症」は必ず治る。
まずは「対人恐怖症」は、何も自分だけの特別な症状ではないということを知っておくということが大切だと思います。

「年頃の男性が、女性の前で緊張する」とか、「緊張のために、顔が赤くなる」ということは、多かれ少なかれ誰にでもある現象なのです。

それを「自分だけが特別」と考えてしまうと、「対人恐怖症」がますます悪化していくことになりやすいのです。

「女性の前に出ると、また顔が赤くなってしまうのでは」という心配がいっそう強まって、女性への苦手意識を取り払えなくなってしまうのです。

「対人恐怖症」の克服策は「慣れる」ことにある

「対人恐怖症」は多かれ少なかれ誰にでもあると考えれば、気持ちが楽になります。

「女性の前で緊張して顔が赤くなるのが自分だけではない。誰にでもよくあることだ」と知ることで、気持ちが前向きになっていきます。

まず第一にそれが大切なことなのです。

気持ちを楽にして、また前向きに考えることを第一歩として、次のステップに移ることができます。

それは「慣れる」ということです。

「ちょっとぐらい顔が赤くなってもいい。どうってことない」と気持ちを軽くして、積極的に女性に話しかけ、女性と接する機会を増やしていくことで、だんだんと「女性に慣れてくる」のです。

すっかり慣れた段階では、「女性の前で顔が赤くなるのが心配だ」という思いも気づかないうちに消えてなくなっていると思います。

「対人恐怖症」や、あるいは「異性とのつき合いが苦手」と言う人は、比較的若い人に多く見受けられます。

ある程度、年齢がいった人には、あまりない症状です。それは若い人よりも年配の人のほうが、会ったり話したりしてきた人の数が多いからです。

つまり対人関係に「慣れている」のです。

慣れることによって、よけいな緊張感を持たずに済むようになります。

そして、リラックスして相手に応対することができるようになるのです。

〈「心配するより、動いてみる」〉二章のまとめ

08＝心配事は妄想にすぎないと知っておく

09＝問題解決のヒントは「現在」にしかない

10＝目的へ向かっていく歩みを止めない

11＝「あきらめない」と「開き直る」を共存させながら使い分ける

12＝運命は神様が考えること、神様に任せておけばいい

13＝自分の力でがんばるから自信がついていく

14＝対人恐怖症は誰にでもあり、必ず治る

第三章

心配事から解き放たれて、のびのび生きる

15

人の噂ほどアテにならないものはない

人の噂に振り回されないように注意しておく

「人の噂」ほどアテにならないものはありません。

そんなアテにならない噂に惑わされ、心を悩ますのは愚かなことではないでしょうか。

中国のことわざに、「『あの人は重い病気にかかっている』と噂されている人ほど、元気な人はいない」というものがあります。

このことわざもつまり、「人の噂はアテにならない」という意味を表しています。

自分の知り合いのことを、誰かが、

「聞いた話だけど、○○さん、重い病気らしいよ。最近顔色が悪いし、元気もないって噂だよ」と話していたとします。

その噂を真に受けて、○○さんのことが心配になって、さっそく見舞いに行くと、その本人はいたって元気そうにしている場合です。

その時、「○○さんは病気だ」などという噂は、根も葉もないデタラメだったことに気づかされるのです。

中国のことわざが物語っているような話は、現代でも珍しくはないのではないでしょうか。

人は日々、様々な噂話を耳にしながら暮らしています。

「今度の社長、無慈悲な人だって噂だよ。だから僕たちが今いる部署、来年リストラで閉鎖になるって噂だよ」

「あなたが通っている医者、ヤブ医者だって噂よ」

「あなたの彼氏、浮気してるって噂よ。どうするの」

もちろん「あの噂話は真実だった」というケースもあります。

ですから、そのような噂話を耳にした時には、一応念のために確かめておくほうがいいでしょう。

もちろん噂が本当かどうか実際に確認を取る作業も必要です。

しかし、一方で「噂などアテにならない」という冷静さも持っておくことが大切だと思います。

そうでないと噂話を真に受けて、「自分はこの先、どうなってしまうんだ」という心配に心を振り回されてしまうことになりかねません。

冷静さを失って、誤った判断をし、みずから自分を窮地へと追いやることにもなりかねないのです。


「噂通りの悪い人」かどうかは、自分の目で見て確かめる

南北朝から室町《むろまち》時代にかけての説話集である『曽我物語《そがものがたり》』に、「他人のことをよく言う人はいない」という意味の言葉があります。

言い換えれば、「人の噂というものは、たいていは誰かの悪口だ」ということを意味しています。

「あの人、悪い人だって噂だよ。君、あの人にだまされているんじゃないの」

「裏と表があるって噂がある人だから、あの人の言うことは信用しないほうがいいと思います」

「お金に関してズルいって噂だから、ビジネスパートナーとしてあの人と組むのは危険だ」

人の噂はたいていこのような「悪い噂」だからこそ、その噂話を簡単に真に受けてしまうと、たいへんなことになるのです。

悪い噂の相手とつき合っていくことが心配になり、その相手と絶縁するようなことをしたら、結果的にせっかくのいい出会いを台無しにする結果になるかもしれません。

せっかくの友人を失うことにもなりかねません。

また、せっかくのチャンスを逃してしまうかもしれないのです。

噂は噂として、その相手が本当に悪い噂通りの人なのか、それとも噂とは裏腹に信用できる相手なのかは、他人の言葉は信じないで自分の目でしっかり見て、自分の価値観でしっかり判断していくことが必要です。

16

正直でいることは安心の一番のコツ

保身のためにウソをつくから、心配事が増えていく

身勝手な思いから、人をだます人がいます。

「利益を独り占めするために、周りの人をだます人」

「相手を利用するために、都合のいい作り話をしてだます人」

「自分だけ助かるために、心にもないウソを言う人」

「相手に気に入られるために、自分の経歴をでっちあげる人」

しかし、そのようにウソを言って人をだます人の心は、おそらくは心配事に満ちあふれているのではないでしょうか。

心配のためにイライラし、気持ちが落ち着くことはないと思います。

自分のついたウソが、いつばれてしまうかわからないからです。

だまされていることに、いつ相手が気づくかわからないからです。

もしそういう事態になれば、相手からは厳しく非難されるでしょう。

仲間はずれにされるでしょう。

場合によっては、訴えられたり、罪に問われたりすることにもなりかねません。

ですから、「もしそういうことになったら、どうしよう」という心配事で心休まることがないのです。

というのも、最後までウソをつき通すことなどほとんどできないからです。

相手を傷つけるようなだますウソはいずれればれて、悪事は必ず発覚します。

平安時代の物語集、『狭衣物語《さごろもものがたり》』には、

「ウソがばれないのは、ほんのちょっとした時間だけだ。時間が経てばいずれ発覚する」という言葉があります。

スペインのことわざには、

「ウソは、花を咲かすが、実をつけない」というものがあります。

植物が花を咲かせるのは一瞬の間です。

それと同じように、「ウソが通用している時間も一瞬のことにすぎない」と述べているのです。

そして、ウソが発覚すれば、ウソをついて人をだましていた人は何の成果も得られません。また、人から信頼を失ってしまうことになるでしょう。

そのことを「実をつけない」と表現しているのです。

昔から、また世界中で、「ウソはいずればれる。ウソはいつまでも通用しない」と述べられているのです。これが世の中の法則なのです。

自分がいい思いをするために人をだますようなウソをつく人は、結局は自分自身がそのために罰を受けるのです。

そのような人は心の安らぎを得られず、心配事に心をかき乱され、悩ましい思いをして生き続けることになるのです。

「正直者を天が見捨てることはない」

人間は、ウソをついて、誰かをだましたりすることなど考えず、正直に生きていくことがもっとも良いと思います。

正直でいることは、安心して暮らしていく一番のコツなのです。

人によっては、「正直に生きていると、損をさせられるのではないか。ひどい目にあわされるのは、正直者のほうではないのか」と思うかもしれません。

しかし、そう考えてウソをついて、誰かをだますと、結局はみずから自分の人生を辛い方向へ向かわせてしまうのです。

ここで江戸時代の作家である井原西鶴《いはらさいかく》の言葉を紹介しましょう。

「正直者を天《てん》が見捨てることはない」という言葉です。

「正直に生きていれば、困ったことになった時は、必ず天の助けがある。そう信じて安心して生きていくのがいい」と述べているのです。

これもまた「ウソはいずればれる。ウソはいつまでも通用しない」と同様に、世の中の法則ではないでしょうか。

「天の助け」があることを信じて、安心して正直に生きていけばいいのです。

17

負ける心配をするよりも、上手な負け方を考える

勝敗は時の運、負けることを心配してもしょうがない

人生には「勝った、負けた」がつきものです。

織田信長や豊臣秀吉、徳川家康といった武将が争っていた戦国時代は、人々はそれこそ戦《いくさ》で勝敗を決していました。

現代には、戦国時代のような武力による衝突はありません。

しかし、現代もやはり「人生は勝った、負けたの勝負事」という考え方はしっかり残っているように思います。

とくにビジネスの世界では、そうではないでしょうか。

「同僚とのライバル争い」

「競合他社とのシェア争い」

「海外企業との受注合戦《じゅちゅうかっせん》」

「金融市場での争い」

「メーカーの開発競争」

そのようにビジネスの世界では様々な場面において「勝った、負けたの勝負事」が繰り広げられていると思います。

このような競争社会の中で生きている人は、当然のことながら「競争に負ける心配」に悩まされることがしばしばあると思います。

「ライバルに大きな差をつけられてしまった。このままでは社内の出世競争に負けてしまうことになる」という心配です。

「シェア争いをしているライバル企業に、大きな取引先を奪われてしまった。このままでは我が社が、あのライバル企業との競争に負けてしまう」といった心配です。

そのような数々の心配事にヤキモキしながら必死になって働いているというのが、現代のビジネスマンの姿ではないでしょうか。

もちろん、誰もが負けてミジメな思いをしないために、最善の努力を行っているのでしょう。

しかし、「勝敗は時の運《うん》」とも言います。

「勝敗は、その時の運、不運が影響することも多い。優勢である者が不運のために、最後に負ける場合もある。劣勢の者が運に恵まれて、最後に勝つ場合もある」という意味です。

どんなにがんばっていて優位に立っていても、ビジネスでの競争に負けてしまうこともあるのです。

あっさりと負けを認めてしまうのも一つの方法

「まだ勝つ可能性がある」場合はいいのです。

その可能性を信じて、できるだけのことをするまでです。

問題は、「もう勝ち目はない。負けるしかない」とわかった時です。

そのような状況に追い込まれた場合、なお「負けたら、どうしよう」という心配に振り回され、ジタバタと抵抗するようなまねをしても仕方ないと思います。

ムダな努力をするだけでしょう。場合によっては、そのための損失を大きくしてしまう危険もあります。

負けが決まった時には、あっさりと負けを認めてしまうのも一つの方法ではないでしょうか。

太平洋戦争の戦前戦後の電力業界で大きな貢献をした実業家、松永安左衛門《まつながやすざえもん》は、「勝ち負けに、いつも必ず勝たなければならないとは限らない。負けてもよいし、負けるが勝ちという場合もある。上手に勝てば、それに越したことはない。上手に勝てなければ、むしろ上手に負けたほうがいい」という言葉を残しています。

負けが決まった時には、負けた後のことなど心配せずに、潔《いさぎよ》く負けを認めてしまったほうが、「次はがんばるぞ」という意欲が生まれてくるのではないでしょうか。また、負けた経験を生かして、次の勝負に役立てるということもできるでしょう。

ですから「負けることを心配しないほうがいい」ということを、松永安左衛門は述べていると思います。

18 心配してもどうにもならないことは、忘れてしまう

悔やんでもしょうがない。なるようにしかならない

ドイツのことわざに、

「いくら心配してもどうにもならないことは、忘れるのが幸福だ」というものがあります。

たとえば、仕事の取引先を集めて、新規事業の説明会を行った時のことです。説明を終えて壇上から降りる際に、段差につまずいてスッテンコロリンと転んでしまい、出席者に笑われてしまったのです。

担当者は「説明が上手くいっていただけに残念だ。この最後の失敗で取引先に悪い印象を与えてしまったのではないか」と心配になります。

「新規事業に協力してもいいと考えていた取引先もいたと思うが、私が転んだ姿を見

て、あんなドジな社員がいる会社は危ない。協力するのはよそうと考えを変えてしまったかもしれない」と心配になります。

しかし、そんな心配をいくらしたところで、もう後の祭りです。

今さら「どうしてあんなドジな失敗をしてしまったのか」と悔やんでもしょうがないのです。取り返しはつきません。いくら心配したところで、なるようにしかならないでしょう。

ドジな失敗を見て印象を悪くし、否定的な考えに傾いてしまった取引先もいたかもしれません。

一方で、ドジな失敗にかかわらず、「面白いビジネスになりそうだ。あの会社の新規事業に協力する方向で話を進めよう」と考えている取引先もあるかもしれません。

要するに後は「相手次第」なのです。

取引先から返ってくる反応を待つしかありません。

ですから「恥ずかしい失敗をして笑い者になったこと」など忘れるしかないのです。

まさにドイツのことわざに言う通り、「いくら心配してもどうにもならないことは、忘れるのが幸福だ」ということではないでしょうか。

忘れるべきことは忘れ去り、清々しい気持ちになる

禅の言葉には、「坐忘《ざぼう》」というものがあります。

「坐《ざ》して忘《ぼう》ず」とも読みます。

「ひたすら坐禅に打ち込んで、すべてを忘れる」という意味です。

「今やるべきことに集中し、すべてを忘れ去るということが悟りだ」ということです。

「すべてを忘れ去る」というのは、「心配してもしょうがないことは、忘れ去る」ということだと思います。

「クヨクヨ悩んでいても、もう取り返しがつかないことは、『そんなことがあった』ということ自体、忘れ去ってしまう」ということだと思います。

そして、すべてを忘れ去ることができた時、心の中が清々しいものとなり、前向きに物事を考えられるようになる、ということでしょう。

なお、これは禅の言葉ですから「坐して」、つまり「坐禅をして」と述べています。

この言葉は、人それぞれ自分の立場に合わせて読んでもいいと思います。

サラリーマンであれば、「今やるべき仕事に集中して」と読めばいいでしょう。

主婦であれば、「今やるべき家事に集中して」と考えればいいでしょう。

学生であれば、「今やるべき勉強に集中して」となります。

人それぞれ今自分がやるべきことに集中して、忘れたほうがいいことは頭の中から消し去ってしまうことです。

考えてもしょうがないことは忘れ去ってしまうことです。

そういう清々しい気持ちでいてこそ、自然に「いいこと」がやって来ると思います。

先ほどまでの事例の件で言うと、「先日の説明会に出席されてもらった者ですが、ぜひあなたの会社の事業に協力させてもらいたい」という多くの人からの連絡です。

その時、壇上から降りる際に転んでしまったことなど、心配するにも及ばない小さな出来事だったと気づかされることでしょう。

⑲ 日々やるべきことを、たんたんとこなしていれば安心できる

「漠然とした不安」「漠然とした心配事」があるとき

人間には、特別これといった生活上の問題はないのですが、自分の将来のことが心配に思えてくることがあります。

明治時代の小説家、芥川龍之介は、「私には将来に対する漠然《ばくぜん》とした不安がある」という言葉を残しました。そして、自殺してしまいました。

自殺するかしないかは別にして、誰でもそんな「漠然とした不安」を感じる時があるのではないでしょうか。

「お金に困っている」「仕事が上手くいかない」「愛する人との関係が上手くいかない」といった問題に悩んでいるわけではないのですが、自分の将来が何となく不安で心配に思えてくるのです。

しかし、そのようなはっきりとした具体的な問題がないからといって、このタイプの不安や心配を甘く考えてはいけないのです。

そういったタイプの不安や心配が原因して、前向きに生きていく意欲を失い、まさに自殺まで考えてしまう人もいるのです。

禅の世界では、そのような「漠然とした不安」「漠然とした心配事」を「雑念《ざつねん》」と呼んでいます。

そして、「そのような雑念に惑わされないためには、ただ無心となって日々やるべきことをたんたんとこなしていくしかない」と教えます。

「日々やるべきこと」とは、禅の修行者の場合、座禅をし、寺の掃除をし、食事を作り、ものを食べ、お茶を飲み、お風呂に入るといった、日常生活の中の行いです。

何も特別なことではありません。

それを無心になって、たんたんとこなしていくことで、雑念に惑わされないようになっていくというのです。

「無心になる」とは、たとえば食事をする時は食事をすることだけに集中する、ということです。

お茶を飲む時には、お茶を飲むことだけに気持ちを注《そそ》ぐ、ということです。たとえば、お茶を飲みながら、何か別のことを考えたりしてはいけません。

今やるべきこと、今やっていることだけに心を集中するということで「漠然とした不安」「漠然とした心配事」といった「雑念《ざつねん》」を振り払うことができる、と禅は教えるのです。

この禅の考え方は、「漠然とした不安」「漠然とした心配事」といったものにとらわれている人たちには参考になると思います。

他のことを考えず料理に専念し、無心になって掃除をする

「いくらお金に恵まれていても、安心して生きていくことはできない」

「いくら高い地位を得ても、安らかな生活を送れるわけではない」

「どんな豪邸に住み、おいしいものをたくさん食べられる生活を送れていても、精神的に落ち着いた生活を実現できるわけではない」

というのが禅の考え方です。

「日々自分がやるべきことを無心になって、誠実に、まじめにこなしていくことで、揺るぐことのない安心感を得られる」ということです。

「日々自分がやるべきこと」とは、いわば家事、炊事、掃除といったことです。

禅というと、多くの人が真っ先に座禅を思い浮かべます。

しかし、「禅の修行は座禅よりも、炊事や掃除といったもののほうが重要な意味を持つ」と話す禅僧もいるくらいです。

この禅の考え方と実践法は、一般の人の日常生活の中でも参考にできるものがあると思います。

たとえば「漠然とした不安」「漠然とした心配事」といったものにとらわれて気持ちが落ち着かないという時には「他のことは何も考えないように心掛けて、料理に専念する」「無心になって、部屋の掃除をする」といったことを実践してみるのです。

知らず知らずのうちに心から雑念が取り払われ、気持ちが軽くなったことを実感できると思います。

20

「何が何でも手放す」と覚悟する

胸に心配事を抱えているから、生きていく足取りも重くなる

「胸に一物《いちもつ》、背中に荷物」ということわざがあります。

人間は、自分の胸の中に「一物」を持ちながら生きています。

この「一物」とは何かというのは、人それぞれ解釈の仕方があると思います。

ここでは「心配事」という意味に理解したいと思います。

つまり、このことわざは、「胸に心配事を抱えているから、重い荷物を背中にしょって、苦労して道を歩いていくように、生きることが辛くなる」という意味に理解できるのではないでしょうか。

それを避けるには、胸にある一物、つまり心配事を捨て去ってしまえばいいのです。

心配事を捨て去ってしまえば、背中に背負っている重い荷物も消えてなくなるでし

ょう。

そして、人生という道のりを、軽々と楽に、明るい気分で歩いていくことができるようになるのです。

しかし、人間というものは、その一物、つまり心配事をなかなか捨て去ることができません。「心配事を捨て去れば楽になる」と、頭ではわかっていながら捨て去ることができません。

そのような心境を、仏教では「執着《しゅうちゃく》」と呼んでいます。

ある陶芸家は、ある時から、「仕事をするのがとても辛い」という心境に悩まされるようになりました。

なぜ「辛い」のかと言えば、

「今度の陶芸作品は愛好者に受け入れられるだろうか」

「関係者や評論家から、高い評価を得ることができるだろうか」

という心配事がいつも頭から離れないからでした。

そんな心配事など捨て去って、「いい陶芸作品ができたと自分で納得することができれば、それでいいではないか」と開き直った気持ちで仕事をしていけば、精神的にもっと楽になるのです。しかし、頭ではわかっているのですが、なかなかそれができません。毎日毎日、辛い気持ちで仕事に立ち向かっているのです。

そのために胃痛を感じたり、追い込まれた気持ちになったり、深く落ち込んでしまうことも少なくないと言います。

この陶芸家など、まさに「執着にとらわれている」と言えるのかもしれません。

人間はお金や名誉にばかり執着するのではありません。

心配事に関しても執着して手放そうとしないものなのです。

「強い覚悟をもって捨て去れ！」

禅の言葉に、「放下著《ほうげじゃく》」というものがあります。

「放下《ほうげ》」とは、「捨て去る」ということです。

禅は、「心を占めている心配事を捨て去ってこそ、安らかに生きていける」と教えているのです。

「著《じゃく》」とは、「放下」を強調する意味を持つ言葉です。つまり、

「何が何でも捨て去れ！」

「心に念じるようにして捨て去れ！」

「強い覚悟をもって捨て去れ！」

と言っているのです。

軽い気持ちで「心配事を捨て去ろう」と考えても、人はなかなかその心配事を捨て去ることができません。

気持ちの踏ん切りがつかず、そのままの状態でズルズル暮らしていってしまいがちなのです。それほど心配事というものは根強いものなのです。

ですから、もし心配事を捨て去ろうと思うのであれば、「何が何でも」という本気を出さなければなりません。

そのことを、この「放下著」という言葉は教えているのです。

「何が何でも」という強い決心を持てば、事例の陶芸家もきっと心配事から解放されて、心の安らぎを得ることができるでしょう。

21

定年退職は「新しい人生への出発」と考える

肩書や地位がなくなる心配を捨て去る方法とは

ある男性は、間もなく定年退職を迎えます。

その彼は「老後のことが心配でしょうがない」と言います。

十分な年金をもらえるので、生活費のことを心配しているわけではありません。

心身共に健康であるので、病気のことを心配しているわけでもありません。

では何を心配しているのかと言えば、それは「肩書きを失う」ということなのです。

大企業の部長である彼は、

「これまで多くの人が私の周りに集まってきてくれたが、肩書きを失って『ただの人』になった瞬間から誰も私に寄りつかなくなってしまうのではないか。もしそうなったら寂しい」

「部長として、みんなからチヤホヤされてきた。しかし、肩書きを失ってしまえば、だれも私のことをチヤホヤしてくれなくなるだろう。それどころか家にいると家族や、近所の人などからバカにされるようになってしまうのではないか。耐えられない」「大きな会社の部長という肩書きを持っていることが、私の誇りだった。そんな誇りを失ってしまえば、生きていく張り合いを失って私は精神的にヘナヘナになってしまうのではないか。心配だ」と言うのです。

とくに男性には、定年退職を迎える際に、このような心境になる人が多いようです。ある意味、男性には、「肩書き」や「地位」といったものへの執着心が強いのかもしれません。

明治時代の小説家である徳富蘆花《とくとみろか》が、面白いことを述べています。

「いい肩書きを持つと、その人は意気盛んな性質を失ってしまう」といった言葉を残しています。

「意気盛んな性質を失う」とは、言い換えれば、「守りに入ってしまう」という意味だと思います。

「せっかく手に入れた肩書きを失いたくない」という思いです。

そのために現職中に意気盛んな性質を失って、退職後の心配事ばかりに気持ちをとらわれクヨクヨすることになるのです。

定年退職によっていい肩書きを失ってしまうことを心配して、あれこれ思い悩んでいる人もきっと「いったんいい肩書き手にしたことで、守りに入ってしまった人」なのかもしれません。

「守りに入って、意気盛んな性質を失った人」なのかもしれません。

定年退職を「第二の人生のスタートだ」と考える

定年退職は、これまでの長いサラリーマン人生の終点です。

しかし、「終点」と考えるだけでは、気持ちが暗くなっていくばかりではないでしょうか。そこで自分の人生そのものが終わってしまうように感じられてしまいます。

まさに「サラリーマン時代の肩書きを失った後の自分は、どうなるのだろう」という心配事に思い悩むことにもなりかねません。

定年退職は、長いサラリーマン人生の終点であると同時に、新しい人生の出発点でもあるはずです。

むしろ「出発点」ということを優先して考えるほうがいいと思います。

そして、いい肩書を持ったために失っていた「意気盛んな性質」をもう一度取り戻すように心がけるのがいいのではないでしょうか。

「肩書なんてなくたって、この人生を楽しむぞ。これからだって大きなことを成し遂げてやるぞ」という意気込みを持って、それからの人生へ向かって出発するのです。

ドイツ出身のアメリカの詩人、サミュエル・ウルマン（一八四〇～一九二四年）〈ママ〉は、『青春の詩』という詩の中で、次のように述べています。意訳しますが、

「青春とは人生の或る期間を言うのではなく心の様相を言うのだ。優れた創造力、たくましい意志、炎えるような情熱、勇敢さ、冒険心といった心の様相を青春と言うのだ。年を重ねただけで人は老いない。理想を失う時に初めて老いがくる。情熱を失う時に精神はしぼむ」というものです。

青春の情熱を失わずにいれば、肩書を失うことなど心配には思わないでしょう。

〈心配事から解き放たれて、のびのび生きる〉三章のまとめ

15＝人の噂ほどアテにならないものはない
16＝正直でいることは安心の一番のコツ
17＝負ける心配をするよりも、上手な負け方を考える
18＝心配してもどうにもならないことは、忘れてしまう
19＝日々やるべきことを、たんたんとこなしていれば安心できる
20＝「何が何でも手放す」と覚悟する
21＝定年退職は「新しい人生への出発」と考える

第四章

心配事を「人生の課題」に変える

22 一つ一つに正面から向かい合い、それを解決する

「心配事が多いのは当たり前のことと考えれば苦になることはない」


戦国時代の武将で天下統一を成し遂げた徳川家康は、

「人生は重い荷物を背負って長い道を歩いていくようなものだ」

という言葉を残しています。

この言葉に出てくる「重い荷物」とは、もちろん現実の荷物を意味しているのではありません。

それは精神的なものを意味しているのです。

ここでは「やっかいな心配事」と理解したいと思います。

実際に、これは徳川家康に限ったことではないと思いますが、戦国武将の日常生活では「やっかいな心配事」が絶えることはなかったと思います。

ちょっと油断していれば、他国の武将に攻められて領地を奪われることになるかもしれません。

信頼していた家来に、いつ裏切られるかもしれないという心配もあります。味方だと思っていた武将が寝返《ねがえ》って、自分を攻めてくるかもしれません。妻にしていた女性から命を狙われることだってありえました。

長男が勇気のない人間であれば、国の将来のことも心配になります。戦《いくさ》には多額のお金が必要になります。お金の心配もしなければならなかったでしょう。

もちろん一国の主《あるじ》として、領民たちの生活の心配もしなければならないのです。

このような「やっかいな心配事」は山のようにありました。

また、死ぬまでそんな「やっかいな心配事」から解放されることはなかったのです。

そのような人間の一生を、家康は「荷物を背負って長い道を歩いていくようなもの」と表現したのでしょう。

しかし、家康は、そのような「やっかいな心配事ばかりの人生」を決して否定的には考えていなかったようです。

というのも、家康はまた次のような言葉も残しているのです。

「思い通りにならず、心配なことばかりの人生であっても、『人の人生では、それが当たり前だ』と考えれば、苦になることはない」というものです。

乗り越えていくことが大きな喜びになる

人生の心配事に対して「ああ嫌だ、嫌だ」と顔をそむけているだけでは、人生は好転していきません。

その心配事に押し潰されて、みじめな思いをするだけでしょう。

むしろ「人生には心配事がつきものだ」と考え、

「では、どうやってその心配事を解決していけばいいのか」と、ある意味、「人生の課題」と見なして正面から向かい合うことが大切ではないでしょうか。

それが先ほどの「心配なことばかりの人生であっても、それが当たり前」という家康の言葉が意味するところだと思います。

実際、家康は心配事から目をそむけはしませんでした。

心配事の一つ一つに正面から向かい合い、それを解決していったのです。

もし家康が心配事から目をそむけていたら、家康は天下を取ることなどできなかったでしょう。

ましてや歴史に名を残す人物にはなれなかったに違いありません。

心配事を一つ一つ解決していったからこそ天下を取り、徳川幕府を築くことができたと思います。

人は、心配事から「ああ、嫌だ、嫌だ」と顔を背けていると、その心配事が苦痛に思えてきてしまうのです。

その心配事を、自分に与えられた人生の課題と見なし、どうやって解決すればいいか考え、その解決策を実行に移す段階では、その心配事は苦痛ではありません。

むしろその心配事を乗り越えていくことが大きな喜びにもなり、努力の励みにもなります。そしてその心配事を上手に解決できた時、自分自身に大きな自信が生まれることでしょう。

23 気のきいたことをしゃべろうとするより聞き役に回る

「口下手」と劣等感をもつことはない

ある男性がお見合いすることになりました。
彼は心配事で頭が一杯だと言います。
お見合いはしたいのです。
見合い相手も、理想的な女性です。
結婚もしたいのです。
しかし、「うまく話せるかどうか心配でしょうがない」というのです。
というのも、彼は口下手《くちべた》だからです。
口下手だということが強い劣等感になっているため、
「いいことを言って、彼女に気に入ってもらえるだろうか」

「気のきいたことをしゃべって、彼女を感心させられるだろうか」

「面白いことを言って、彼女を笑わせることができるだろうか」

といった心配事で頭が一杯なのです。

そして、「口下手なのが原因で、彼女から断られてしまう結果になるのではないか」と思い悩んでいるのです。

この場合、「うまくしゃべろう」「いいことを言おう」という気持ちが強すぎるために、そんな心配事に振り回されているのではないでしょうか。

男性ですから、「みずから話をリードしていこう」「自分のほうから積極的に話を持ち出して、相手を引っ張っていこう」という気持ちが強く働いているのかもしれません。

また、そのように自分が会話を主導していかないと、相手の女性から嫌われるという意識も働いているのでしょう。

しかし、実際には、そんなことはないのです。

フランスの思想家であるモンテーニュ（一七世紀〜一八世紀）は、

「心にもないことをベラベラしゃべるよりも、黙っているほうが、よほど相手から嫌われることがない」という言葉を残しています。

このモンテーニュの言葉通り、「自分からしゃべる」よりも「相手の話を聞く」ことを優先するほうが、じつは相手に好印象を持ってもらえるものなのです。

気のきいたことを言うことも、うまく話す必要もありません。

ましてや「自分は口下手だ」という劣等感がある人が、無理して気のきいたことを話そうとすれば、かえって失敗してしまう場合も出てくると思います。

無理なく、聞き上手になるよう心がけるほうが、相手に気に入ってもらえる確率が高まると思います。

「人の話をよく聞く」ことは、あらゆる人間関係の基本だ

古代ギリシャの哲学者、エピクテトス（一～二世紀）は、

「聞き上手になるのは、人に好かれるための大切な技術である」という言葉を残しています。

相手の立場から言えば、自分の話を誠意を持って聞いてくれる人には、思わず好感を抱いてしまうものなのです。

自分自身の存在をあたたかく受け入れてもらったように感じられてうれしいのでしょう。

また大切なことは、「気のきいたことを話す」よりも「相手の話を誠意を持って聞く」ほうが、誰にとっても容易であるという点でしょう。

「気のきいたことを話す」のは、意外と難しいことなのです。

口下手な人はもちろん、そうではない人にとっても難しいのです。

それだけにプレッシャーもかかるでしょうし、「相手の心を動かすことができなかったらどうしよう」という心配も生まれます。

その意味では、聞き役に回るほうがずっとプレッシャーも減るでしょうし、心配事に心を悩まされることも少なくなると思います。

その上、相手からも好感を持ってもらえるのです。

相手の話に耳を傾けてよく聞くということは、あらゆる人間関係の基本だと思います。

24

目指すものに向かってがんばっていく、その過程が面白い

「百点満点を取らないというのが、僕の主義だ」


人には誰でも「目指すもの」があると思います。

目標や夢、あるいは希望や理想と言い換えてもいいでしょう。

仕事の目標もあるでしょう。

個人的な夢もあるでしょう。

家族で共有している希望もあるかもしれません。

友人たちと共に掲げる理想もあるでしょう。

そのような「目指すもの」は、もちろん、大きく輝かしいものだと思います。

ただし、そのような「目指すもの」が大きく輝かしいものであればあるほど、そこへ辿《たど》り着くことは簡単なことではありません。

長年にわたる地道な努力や忍耐が必要になってくるでしょう。

時には、がんばってもがんばってもなかなか「目指すもの」に手が届かない状況に、「私は本当に目標を達成できるのか」「私たちは、いつになったら希望を叶えられるのだろうか」と心配になることがあるかもしれません。

そんな心配に心がとらわれた時、励ましになる言葉がありますので紹介しましょう。

昭和時代に活躍したマンガ家、横山隆一《りゅういち》は、

「僕は、百点満点を取るなという主義なんだ。

百点を取ったら、明日からが辛い。

いつかマイナスで落ち目になると思うから」

という意味の言葉を残しています。

この言葉にある「百点満点」を、たとえば「仕事の目標」に置き換えて読んでもいいと思います。

つまり、この横山隆一の言葉は、ある意味、「もし仕事の目標が百点満点を取ることなら、そんな目標は叶えなくてもいい」と言っているようにも思えます。

同様に、

「もし個人的な夢が百点満点を取ることなら、そんな夢は叶えなくてもいい」

「もし家族で共有している希望が百点満点を取ることなら、そんな希望は叶えなくてもいい」

「もし友人たちと共に掲げる理想が百点満点を取ることなら、そんな理想は叶えなくてもいい」

と述べているように思います。

夢に向かって努力するのが楽しい

ここで注意してほしいのは、横山隆一が、

「百点満点を取るためにがんばってはいけない」とは言っていない点です。

目標や夢、希望や理想に向かってがんばるのがいいのです。

しかし、「必ずしも、そういったものを叶えることはない」と言っているのです。

なぜなら、それらを叶えてしまったら、「後はいつかマイナスで落ち目になると思うから」と、横山隆一は言っていると思います。

目標や夢、希望や理想といった「目指すもの」に向かってがんばっていくことは楽しいことです。

自分の人生が、また家族や仲間との生活が少しずつ上昇し、ちょっとずつ成長し、着実に結果が積み重なっているという実感を得られるからです。

しかし「目指すもの」が達成されてしまったら、後はもう上昇する楽しみ、成長していく喜びは得られません。

横山さんの言葉で言えば、「目指すもの」を失って「マイナスで落ち目になる」ばかりということになるかもしれません。

言い換えれば、「目指すもの」に向かって進んでいる今現在が一番楽しく充実しているのだから、「私は本当に目標を達成できるのか」「私たちは、いつになったら希望を叶えられるのだろうか」などと心配しなくていいということです。

先のことを心配するよりも、今「目指すもの」があり、それに向かってがんばっていることに生きる喜びを感じるほうがいいということです。

25 他人に頼ってばかりいず、自分の力で生きていく

誰かに依存しているから「あの人がいなくなったら」と心配になる

誰かにベッタリと依存してしまっている人がいます。たとえば、「夫に依存している妻」、あるいは「妻に依存している夫」、「親に依存している子供」などです。

必ずしも金銭的に依存しているのではありません。

精神的な意味で、あるいは生活的な意味で依存しているのです。

つまり、「夫がいつも近くにいてくれないと、心配でしょうがない。精神的に不安定になってしまう」という妻です。

「妻に生活の面倒を見てもらわないと生きていけない。自分では食事の用意もできないし、風呂もわかせない」という夫です。

「親から『ああしなさい。こうしなさい』と言われなければ、何もできない。自分の意志では、自分の人生のことを決められない。進学した大学も、就職先も、親に決めてもらった」という子供です。

このように誰かへの依存心が強い人は、「もし頼りにしている人がいなくなったら、自分はどうすればいいいんだ」という心配にずっとつきまとわれながら生きていくことになります。

これは本人にとって良いことではないと思います。

というのも、その「頼りにしている人」は、いずれいなくなるかもしれないからです。

いずれ、心配していることが現実になる時がやってくるでしょう。

夫婦では、どちらかが先に亡くなることになるでしょう。

一般的には、親も子供より先に亡くなります。

その時がやって来たら、依存心が強い人は、生きていく自信を失ってしまうことになるのではないでしょうか。

これからどう生きていけばいいかわからなくなって、とても心細い心境になってしまうでしょう。

そういう事態にならないように、たとえ恋人や夫婦や親子であっても、相手に依存することなく自分一人の力で生きていく心構えを持っておくほうがいいと思います。

夫婦関係でも親子関係でも「独立心」が必要になってくる

明治時代の教育者であり、慶應義塾大学の創設者である福沢諭吉《ふくざわゆきち》は、「独立心のない人間は、誰かに依存する」という言葉を残しています。

「独立心」とは、「一人で生きていく覚悟」と言ってもいいでしょう。

他人同士の関係ではもちろんのこと、夫婦や親子の関係でもやはり、各人が「独立心」を持って生きていくことが大切ではないでしょうか。

そしてもう一つ大切なことは、その独立心をただ心の中で思っているだけではなく、具体的に実践することだと思います。

「夫がいつも近くにいてくれないと心配だ」という妻は、夫から離れてボランティア活動や趣味のサークルに参加したりするなどして、自分の判断で行動する場を広げていくのがいいと思います。

そうすることで独立心が養われ、「自分一人でも生きていける」という自信がついてくると思います。

「自分では食事の用意もできないし、風呂もわかせない」という夫は、料理教室に通ってみるという方法もあると思います。また家のことは、妻に頼らずに、風呂をわかすにしても、掃除をするにしても、自分でするよう努力するのがいいと思います。

そうすることで、妻がいない時の心配をしないで済むようになるでしょう。

「親から『ああしなさい。こうしなさい』と言われなければ、何も決められない」という子供は、自分の人生のことは自分で決めていくという習慣を持つことです。

そうすることで、親に頼らずに生きていく勇気が出てくるでしょう。

誰かに頼り、誰かに甘えて生きていくのでは、自分自身の生きる喜びや充実感も生まれません。

26

「周りからどう思われてもいい」と開き直る

周りの目を気にするから、心配事が絶えない

「周りの目が気になる」と言う人がいます。

このタイプの人は、心配のタネが尽きることはないと思います。

「自分は周りの人から好かれているだろうか。もしかしたら嫌われているのではないか」

「私は上司から評価されているだろうか。ひょっとしたら『あんなヤツはダメだ』と思われているのではないか」

「友人たちから自分はどんな評判を得ているのだろう。悪い評判を立てられていないといいけれど」

といった心配事で、いつも頭の中が一杯になっているのです。

しかし、このように「周りの目」「周りの評価」「周りの評判」ばかりを心配していては、自分らしい生き方をすることができなくなってしまうのではないでしょうか。すばらしい個性を持っていながら、それを発揮するチャンスを失ってしまう原因になってしまうかもしれません。

また、せっかくすぐれた能力を持ちながら、それを十分に発揮できないことになるかもしれません。

もしそういう事態になれば、自分自身の人生にとって不幸なことだと思います。

周りの目など心配せずに、自分がやりたいことを思いっきりやっていくほうが、人生は充実したものになると思います。

人からどう言われようが志を貫く覚悟を持つ

幕末、徳川幕府を終わらせて新しい世の中を開いていくに当たって、非常に個性的な活躍をした英雄が二人います。

一人は吉田松陰《よしだしょういん》です。

もう一人は坂本龍馬《さかもとりょうま》です。

松陰は教育者として、奇兵隊《きへいたい》を組織して幕府軍と闘った高杉晋作《たかすぎしんさく》や、その後明治政府で活躍する伊藤博文《いとうひろふみ》など数多くの歴史上の人物を育てました。

坂本龍馬は、薩摩藩《さつまはん》と長州藩《ちょうしゅうはん》が同盟を結ぶにあたって仲介役を果たし、討幕《とうばく》の原動力を作りました。

この吉田松陰と坂本龍馬が偶然にも、同じ意味を持つ言葉を残しています。

松陰は、「世の中の人は私のことを悪く言いたいなら言えばいい。私が胸に抱いている高い理想は神だけが知っている」という言葉を残しました。

龍馬は、「私のことをとやかく言いたい人は、言えばいい。私が成し遂げようとしている大事業は、私だけが知っている」という言葉を残しているのです。

二人とも表現の仕方は違いますが、要は、

「周りの人たちが自分のことをどう言おうが、どう見てようが、気にすることはない。『私がしようとしていることは正しい。世の中のために大いに貢献する』という信念があるのなら、周りの人がどう言おうが心配せずに自分の生き方を貫いていくのがいい」ということを述べているのです。

言い方を変えれば、自分に対する周りの評判を気にするのは、自分の可能性をみずから狭めてしまうことになります。

せっかく大きな夢を持ちながら、小さなことしか成し遂げられずに終わってしまうことになります。

もちろん社会生活を円満にしていくためには、多少は「周りの評判」を気にする必要もあると思います。

わがままなことばかりやって、周りの迷惑をかけてしまうようでは困ります。

しかし、周りの評判を心配するあまり、自分がしたいことをできなくなるというのは問題です。周りの評判を必要以上に気にしてはいけないと思います。

ここぞという時は信念を持って、「私のことを悪く言いたいなら言えばいい」「私のことをとやかく言いたい人は、言えばいい」と開き直ってしまうことも大切になってきます。

27

「イザという時は、天が助けてくれる」と信じる

人生には一か八かの勝負をしないとならない時がある

長い人生の中では、一度か二度は「一か八かの大勝負に出ないとならない時」があるのではないでしょうか。

「上手くいったら大きな達成感と充実感を得られる。今後の私の人生も大きく花開くだろう。しかし、もし失敗したら、これまで築き上げてきたものをすべて失うかもしれない。今のところ、上手くいくか失敗するかの可能性は五分五分だ」といった状況に置かれた時です。

それにチャレンジするか、それとも身を引くか決断を迫られる時です。

ある三〇代後半の女性は、今勤めている会社で、まさにそのような決断を迫られています。

会社が、子会社を設立して、新しい事業分野に乗り出すことになったのです。

彼女は三〇代後半の若さで、その子会社の社長に抜擢《ばってき》されることになりました。

しかし、彼女としては、すぐに返事をできませんでした。

その子会社の社長となって、みずから先頭に立ってバリバリと新しい分野にチャレンジしていきたいという意欲はあるのです。

自分がどこまでできるか挑戦してみたいという気持ちも強いのです。

大きな夢や希望もふくらみます。

しかし、「もし失敗したら」という心配もあります。

子会社の経営に失敗した時は、ふたたび親会社にいた時のポストに戻れるという保証はありません。もしかしたら、その会社から離れて、新しい就職先を見つけなければならないことになるかもしれません。

三〇代後半の女性にとっては、その年齢で希望にかなった再就職先を見つけ出すのは、それほど簡単なことではないでしょう。

自分自身という人間への自信を失い、精神的に落ち込んだまま立ち直れなくなってしまうかもしれないのです。

危険な場面に立つと、実力以上の力を発揮できる

この事例の女性が、子会社の社長に就任するかどうかを決断するのは、もちろん彼女自身の自由です。

就任する選択もあるでしょうし、身を引く選択もあるでしょう。

ただし、このような大きなチャンスは、人生ではそうそう多くは巡ってはきません。

また、人生のチャンスというものは、どのようなケースであれ「上手くいくか失敗するかの可能性は五分五分」なのではないでしょうか。

最初から「一〇〇パーセント上手くいく」と決まっているチャンスなどないと思います。

ですから、もし「チャレンジしたい」という気持ちが強いのであれば、思い切って新しい世界へ飛び込んでいってもいいと思います。

ただし、その際に注意点が一つあります。

チャレンジすると決めた時には、「もし失敗したら〜」などという心配事を捨て去っていくということです。

「もし失敗したら〜」という心配事を抱き続けたまま、新しい世界へ飛び込んでいっても実力は十分に発揮できないでしょう。

心配事が、やる気にブレーキをかけてしまうのです。

ここで、明治時代の小説家、夏目漱石《なつめそうせき》の言葉を紹介しておきたいと思います。意訳しますが、漱石は、

「リスクのあることに挑戦する時は、いつもにはない特別な能力が発揮されるものである。それを天の助けという」といった言葉を残しているのです。

リスクのある分野でこれまで経験したことのないことをする時には、戸惑ったり、苦労することもあるでしょう。

しかし、それを心配するのではなく、「そんな時には必ず『天の助け』があるはずだ」と信じていくことで、気持ちが楽になるのではないでしょうか。

楽な気持ちになれば実力以上の能力を発揮できるのです。

28

心配するから、心配していた通りのことが起こる

「思っていたことが現実になる」という不思議な法則がある

「悪い予感が的中した」

「心配していた通りの事態になった」

「予想していた通り、最悪の事態となった」

といった言い方をする人がいます。

言葉通り、「予感が的中した」「予想していた通りになった」ということではないように思います。

むしろ、「悪い予感を働かせたために、その通り悪いことが起こった」

「最悪の事態を心配したから、心配した通り最悪の事態になった」

と言うほうが正しいのではないでしょうか。

人間の人生は不思議なものです。

「何かを思うと、その思った通りのことが現実になってしまう」ということがよくあるのです。

「悪いことを思うと、実際に悪いことが起こる」ということが、しばしばあるのです。

一九世紀のフランスの小説家、バルザックは、

「結局、最悪の不幸などけっして起こらない。たいていの場合は、不幸になることを心配するから、実際に悲惨《ひさん》な目にあう」という言葉を残しています。

このバルザックの言葉も、「悪いことを思うと、実際に悪いことが起こる」という人生の不思議な法則について述べていると思います。

人にだまされてお金を失う心配ばかりしていると、実際に誰かにだまされてお金を失ってしまうのです。

誠実に愛してくれている夫が浮気することを心配して、「あなた、もしかして浮気しているんじゃないの」と疑うようなことばかり言っていると、夫が本当に浮気してしまうのです。

大勢の人の前で恥をかくことを心配していると、実際、大勢の人の前に出た時に恥ずかしい失敗をしてしまうのです。

悲観的になった時は、花を眺めてみるのがいい

前述したように、「何かを思うと、その思った通りのことが現実になる」という人生の不思議な法則があります。

「悪いことを思うと、実際に悪いことが起こる」のです。

もう一つ、忘れてはならない大切な法則があります。

「心配することなど起こらないと思えば、実際に起こらない」のです。

「欲を持たず正直に生きていれば、人にだまされてお金を失うことなどないだろう。あまり心配することはない」と気楽な気持ちで考えておけば、実際にそういう事態に見舞われることはないと思います。

「私の夫が浮気することなんてない。だって夫は私のことが一番好きだから」と明るい気持ちで考えていれば、夫が浮気をすることもないのです。

「まあ、大勢の人の前で恥をかくことはないだろう。もし恥をかいたとしても、それを恥だと思わなければいいだけのことだ」と楽観的な気持ちでいれば、大勢の人の前に出ても堂々と立派にしていられると思います。

大切なのは「気持ち」なのです。

心配せずに、できるだけ楽観的でいることです。

考えすぎず、大らかな気持ちでいることです。

クヨクヨ悩まず、明るい気持ちでいることです。

そうすれば、人生に心配するようなことは起こらないでしょう。

一九世紀のフランスの詩人、アルベール・サマンは、

「悲観的な気持ちになったら、バラを眺めよ」という言葉を残しました。

たとえ「バラ」でなくても、どんな花でもいいと思います。

きれいな花を眺めているうちに、心が癒《いや》され楽観的な気持ちになれると思います。

大らかで明るい気持ちにもなれるのではないでしょうか。

〈心配事を「人生の課題」に変える〉四章のまとめ

22＝一つ一つに正面から向かい合い、それを解決する

23＝気のきいたことをしゃべろうとするより聞き役に回る

24＝目指すものに向かってがんばっていく、その過程が面白い

25＝他人に頼ってばかりいず、自分の力で生きていく

26＝「周りからどう思われてもいい」と開き直る

27＝「イザという時は、天が助けてくれる」と信じる

28＝心配するから、心配していた通りのことが起こる

第五章

心配性を「安心な人生」に役立てる

29 重たい荷物を抱え込んだ時こそ、軽々しく考えていく

大きな問題ほど楽観的に、小さな問題こそ慎重に

あるお坊さんの法話を聞いていた時に、いい言葉が見つかりました。

「重い荷物は軽く持ち、軽い荷物は重く持つ」ということです。

これは名言であると思います。

「重い荷物」というのは、「人生の困難な問題」を意味しています。

「軽く持つ」とは「あまり心配せずに楽観的に考える」ということです。

同様にして、「軽い荷物」というのは「人生での小さな問題」を意味します。

「重く持つ」とは、「誤りがないように慎重に対処する」ことを表しています。

つまり、「人生の大きな問題ほど、あまり気にせずに楽観的に考えるのがいい。一方で、人生での小さな問題こそ、誤りがないように慎重に対処していくことが大切

だ」と述べているのです。

普通は逆でしょう。

「人生の大きな問題」というのは、たとえば、「商売で失敗し、多額の借金を返済するために家を売り払った」といったケースです。

「夫婦関係が上手くいかないために、離婚を申し出たのだが相手が応じない。泥沼の離婚裁判を続けている」といったケースも、当事者にとっては「人生の大きな問題」と言えるでしょう。

あるいは、「病気のために、これまで通りの生活ができなくなった。仕事や食事など色々な面で制限される生活となった」というケースもそうです。

このような「人生の大きな問題」に直面する時、ふつう人は悲観的な気持ちになってしまうものでしょう。

「これから、どうやって生きていけばいいのか。もう自分の人生は終わりではないのか」という心配でクヨクヨ思い悩むことになるのが、ふつうの人の反応だと思います。

しかし、その法話では、そのような「人生の大きな問題」に直面した時こそ、

「まあ、どうにかなるだろう。これからのことを心配したってしょうがない。前向きな気持ちで、やるべきことをたんたんとこなしていこう」と考えるほうがいいと説いていたのです。

そういう「重たい荷物」を抱え込んだときこそ、精神的には「軽々しく考えていく」ほうがいいということです。

クヨクヨ心配していたら、事態はますます悪化していく

この法話には、「なるほど。確かにそうだ」と、うなずけるところがあります。

「人生の大きな問題」に直面した時に、将来のことが心配になるのは当然です。しかし、あれこれ心配したとしても、明るい展望が開けるわけではないのです。

クヨクヨと思い悩んでいたら、ますます事態は悪化していくことになるのではないでしょうか。

そんな時こそむしろ、その法話にあったように、「あまり心配せずに楽観的に考える」ほうがいいのかもしれません。

そうすることで気持ちが楽になって、「では、どうすればいいのか」ということを具体的に考えられるようになるでしょう。

気持ちが楽になった分、広い視野でものを見て、また柔軟な発想でものを考えることもできるようになるのです。

そうすれば問題を解決していくためにいいアイディアも思い浮かぶかもしれません。

また、気持ちが楽になれば、体も楽になります。

その分、積極《せっきょく》果敢《かかん》な行動力も出てくるでしょう。

一方で、その法話では、「人生での小さな問題こそ、誤りがないように慎重に対処していくことが大切だ」と述べています。

「たいした問題じゃないから、だいじょうぶ」と安心していると、大きな失敗を招きかねません。

小さな問題だったものが大問題に発展してしまうからです。

そうなれば新たな心配事が生じます。

この話は新たな心配事を生み出さないための大切なコツなのです。

30 病気を心配しすぎるから体調が悪くなる

「病気を心配する」と「健康を心がける」ことは違う

人間にとっての大きな心配事の一つに「病気」があります。

しかし、困ったことに、健康に暮らしているのにもかかわらず、病気になることを心配しすぎるタイプの人がいます。

ちょっと胃のあたりに痛みを感じただけで、「末期の胃ガンではないか。私の将来は、もう長くはないのではないか」と深刻に考えすぎてしまいます。

中には、次のような人もいます。

病院で精密な検査を受けて、医者から「軽い胃炎を起こしているだけですから心配いりません。薬を飲めばすぐに治ります」と説明されるのですが、その医者の言葉を信用せず、

「この先生はきっとガンを見落としているんだ」

「私に対しては『心配ない』と言っておきながら、私が知らないうちに家族を呼んで『末期ガンのために、余命三カ月です』などと宣告しているのではないか」

などと考えてしまう人もいるようです。

鎌倉時代の随筆家である吉田兼好は、『徒然草《つれづれぐさ》』の中で、

「多くの場合、人は心配性から病気になってしまう」という言葉を残しています。

病気でもないのに「病気になること」を心配しすぎるために、それがストレスとなって体に悪影響を及ぼし、本当の病気になってしまうというのです。

現代人の中にも、この吉田兼好が指摘するように、「心配しすぎ」のためにかえって本当の病気になってしまう人もいるのではないでしょうか。

大切なことは「病気を心配すること」と「健康を心がけること」とは違うと知っておくことではないかと思います。

「健康を心がける」のはいいのです。

そのために暴飲暴食を慎《つつし》んだり、適度な運動を心がけることはいいことだと思いま

す。

無理をせず、心安らかに過ごしていくことも、体を大切にすることになるでしょう。

しかし、「病気を心配すること」があまり過剰になりすぎると、それはかえって体に悪い影響を与えてしまうことになりかねないのです。

むしろ「病気になった時は、病気になった時だ。あまり心配しないでおこう」と気楽でいるほうが、心身に溜まるストレスも少なく健康に役立つのです。

病気には「回復する楽しみ」というものがある

物理学者でありエッセイストとしても活躍した寺田《てらだ》寅彦《とらひこ》（大正・昭和時代）は、「健康な人は病気になる心配をする。一方で病人には回復するという楽しみがある」という言葉を残しています。

病気というものをあまり心配することなく、楽観的に考えていくためのヒントになる言葉です。

病気になることを「辛いこと」「不幸なこと」と考えると、病気に対して心配性になりすぎてしまうのです。

病気になることで「病気から回復するという楽しみ」が得られると考えておけば、病気になることをそれほど深刻に心配することもなくなるでしょう。

さらに、病気を楽観的な気持ちで受け入れられるようになります。

むしろ病気になることが楽しみにも思えてきます。

そのように気楽に考えておくことが、じつは健康的な心身を維持し、いつまでも元気でいるためには大切なことなのです。

どんな人間でもいずれ亡くなります。

事故死や自殺でないかぎり、一つも病気になることなく一生を終える人などほとんどいないでしょう。

ならば病気になることをあまり心配しすぎることなく、病気を自然に安らかに受け入れられるように心がけておくほうがいいと思います。

これが人生によけいな心配事を作らないコツです。

31

「一〇〇点満点」を求めず「八〇点主義」でいく

社会的な責任が重くなるに従って心配事も増えていく

若い人には若い人なりの心配事があると思います。

しかし、やはり年配者のほうが、仕事や家族のことなど心配事の数は圧倒的に多くなっていくのではないでしょうか。また、質的にも、悩ましい心配事が多くなってくるように思います。

それは若い人よりも年配者のほうが大きな「責任」を背負わされるからです。

たとえば、会社勤めの年配者はちょうど中間管理職です。中間管理職として、自分が率いる部署への責任があります。また会社全体を盛りあげていくという責任も出てきます。その責任にともなって、心配事も増えてくるのです。

若い人であれば、ある意味、自分のことだけ心配していればいいのです。

しかし、中間管理職は、自分自身の仕事を心配するのはもちろんのこと、部下がしっかり業績を上げているかどうかも心配しなければなりません。部下が仕事をミスしたり、取引先に迷惑をかけていないかも心配しなければなりません。

自分の率いる部署が、社内の他部署とうまく連携できているかどうかも心配しなければなりません。会社全体の成長戦略についても心配しなければならないのです。

自分のことだけではなく、他人の仕事にも責任を持ち、他人のことまであれこれ心配しなければならないという意味で、年配者の気苦労は大きくなっていくのです。

もちろん、その心配事が自分のことであれば、自分ががんばることによって心配事を解消できます。

しかし、部下など他人の心配事というものは、自分がいくらがんばってもなかなか解消はされません。

自分ががんばって部署の業績を上げられたとしても、その部署の中になかなか業績を伸ばせずに停滞している部下がいれば、やはり上司として安心はできません。その部下のことをあれこれ心配してやらなければならないのです。

ですから中間管理職の心配事は数的に増えるだけでなく、質的にも悩ましいものになっていきます。

自分になって静かに瞑想し、他人の心配事を束の間忘れる

悩ましい心配事を数多く抱えがちな年配者が、日頃気をつけていくほうがいいと思うことがあります。

- 自分なりの気晴らしの方法を作っておく。
- 自分と向かい合う時間を作るようにする。
- 一〇〇点満点を求めない。

うつ病を発症するビジネスマンは、年配者が多いと言われています。それは中間管理職として責任が重くなっていくに従って、悩ましい心配事が増えていくのが原因ではないでしょうか。

いわば心配事に押しつぶされてしまうのです。

そのために心の健康をそこねてしまうのです。

その心配事に押しつぶされずに済む方策が、前に掲げた三点です。

趣味を楽しむ時間を作ったり、適度な運動をして気持ちのいい汗を流すことは、気分転換になります。その間だけは心配事を忘れられるからです。

他人の心配事ばかりに振り回されている年配者にとって、自分と向かい合う時間を作ることもとても大切だと思います。

一日わずかな時間でもかまいませんから、一人になって静かに瞑想し、他人の心配事を束の間忘れ去るのです。そして自分自身の人生について深く考えます。

これも他人の心配事のため疲れた心を癒《いや》すのに効果的です。

責任感が強い人ほど、他人の心配を重く感じてしまう傾向があります。そのストレスから心の健康をそこねてしまう人も多いのです。

強い責任感を持つことは立派なことだと思いますが、その強さの度合を少し緩《ゆる》めてもいいのではないでしょうか。

責任感を持つ一方で、あまり深刻に考えず、一〇〇点満点を求めず、八〇点でもいいと考えればいいのです。

32

「どうしても約束を守れないことがある」のも現実

何がなんでも約束を守ろうとするから、心のバランスが崩れる

大正・昭和時代に活躍した作家に菊池寛《きくちかん》がいます。文藝春秋社《ぶんげいしゅんじゅうしゃ》という出版社を創業した人物としても有名です。

この菊池寛が、『私の日常道徳』というエッセイで面白いことを言っています。意訳しておきますが、まず「人と約束したことは必ず守らなければならない」と述べています。

「約束を守るということは最低限の道徳で、まっとうな社会生活を行っていく基本だからだ」と言うのです。

しかし、そのすぐ後で、「ただし私は、時々約束を破ることもある。それは原稿執筆の約束だ」と言っています。つまり、「○○日までに原稿を書き上げると約束して

おきながら、どうしてもその約束を守れないこともある」と言うことです。

「人との約束は守らなければならない」と言っておきながら、「時々約束を守れないこともある」と言うのですから、まったく矛盾しています。

しかし、見方を変えれば、そのようにして菊池寛という人物は心のバランスを保っていたのかもしれません。

確かに誰でもが「人との約束は守るべきもの」と考えると思います。

それは人間の道徳ですし、また、ちょくちょく約束を破るようなことをしていたら、その人は信用を失って仲間はずれにされてしまうでしょう。

仕事も失い、友人をも作れず、家族からも見放され、まっとうな社会生活を送れなくなってしまうかもしれません。

ですから、菊池寛が言うように「人との約束は守らなければならない」のです。

しかし、「どうしても人との約束を守れないことがある」というのも現実だと思います。

「〇〇日までに原稿を書き上げる」と約束しておいても、突発的なアクシデントに見舞われて原稿を書く時間がなくなってしまう場合もあるでしょう。

体調を崩して寝込んでしまうこともあると思います。

そのようなケースで、「何が何でも約束は守りたいが、このままでは約束を守れなくなる。どうしよう」と深刻に心配しすぎてしまう人は、きっとそのプレッシャーから心のバランスを崩してしまうことになります。

「約束を守れない自分はダメ人間だ。こんな自分は生きている価値がない」と自己嫌悪におちいったまま立ち直れなくなります。

ですから、「人との約束は守らなければならない」という思いは大切にしながら、そのことに一〇〇パーセントとらわれすぎないようにするほうが、心の健全なバランスを保っていくために必要だと思います。

「どうしても約束を守れない時は、しょうがない」と開き直る

人には、ある意味、開き直りが大切なのではないでしょうか。

「もちろん約束は守らなければならないが、時にはどうしても約束を守れない場合も

ある。それはそれでしょうがないことだ」と、開き直って考えておくことです。

「『言うことと、やることが矛盾している』と批判されるかもしれませんが、それが人間の人生でもある。仕方ない」と、開き直ることです。

いい意味で開き直ることができない人は、きっと「このままでは約束を守れなくなる」という心配に、精神的に押しつぶされてしまう結果になるのではないでしょうか。

江戸時代の昔話に次のようなものがあります。

ある武士が、遠く離れて暮らす知人に「○日にうかがいます」と約束しました。しかし、当日、妻が急に発病して、彼は知人との約束を守れなくなりました。妻の病状はおさまりましたが、これから出かけても約束した○日のうちには知人のもとには行けないのです。そこで、その武士は自殺して幽霊になります。幽霊になって空を飛んで行って、○日のうちには知人の家に到着したのです。

この話は、自殺までして人との約束を守ろうとした武士を賞賛しているわけではありません。逆にそこまでして人との約束を守ろうとするのは愚かだと教えているのです。

33

急いでいる時こそ、ゆっくり進む

時間がない時ほど、着実に物事を進める

「急がば回れ」ということわざがあります。

現代のように鉄道がなかった時代は、東海道で江戸から京都へ行くのに、琵琶湖を船で行く方法と、陸路を歩いていく方法がありました。

船で行く方法のほうが断然早く京都に到着することができます。

ですから先を急いでいる人は、船で行こうとするのです。

一方で、陸路は山をグルッと回って遠回りしなければなりませんから、時間がかかります。

ですから先を急ぐ人は、陸路を避けます。しかし、ここに問題があるのです。

船で行くと、途中に山から強い風が吹き下ろしてくる地点があります。

そこで、風に煽《あお》られた船が、しばしば転覆《てんぷく》してしまうのです。

ですから、いくら先を急いでいるからといっても、賢い人は船で行きません。

たとえ時間がかかっても、安全な陸路のほうを行くのです。

それが「急がば回れ」ということわざの語源だと言われています。

そして、このことわざは、「先を急ぎすぎると、かえって危険な事態を招いてしまう。急いでいるときこそ、ゆっくり物事を進めるほうが安全だ」という意味になりました。

一般の実生活の中でも、「先を急いで、大慌てで物事を進めて、とんでもない大失敗をしてしまう」ということがよくあります。

残された時間が少ない時に、人はつい「このままでは時間に間に合わないのではないか」という心配にとらわれます。

気持ちが焦《あせ》ります。そこで先を急ぎます。近道を行こうとします。

それが失敗の原因になるのです。

時間がない時ほど、先を急いでいる時ほど、気持ちを落ち着けて、着実に物事を進めていくように心掛けるほうがいいのです。

それが安全、安心な人生を築いていくコツになるのでしょう。

先を急ぐよりも、一度立ち止まって時間の使い方を検討する

一九世紀のドイツの作家、ゲーテは、

「上手く使えば、時間がいくらでもある」という言葉を残しています。

「時間がない。これでは間に合わない」ということが心配になってきた時には、無暗に先を急ぐのではなく、一度立ち止まって「時間の使い方」を検討してみてもいいのではないでしょうか。効率的な時間の使い方をすれば、あるいは予定していた時間に十分に間に合うかもしれません。

ある人は、「時間がない。間に合わない」という状況に追い込まれた時には、手帳のスケジュール欄《らん》を見直してみると言います。

そこには、意外に後回しにできる用件や、場合によっては取り消しにできる用件がたくさん含まれているかもしれないのです。

そこで、後回しにできる用件は後回しにします。

取り消しにできる用件は取り消してしまいます。

そして、最優先の用件に集中できるように時間の使い方を工夫するのです。

そうすることによって、「時間がない。間に合わない」と心配していた用件であっても、余裕を持って終わらせることができるのです。

まさに「上手く使えば、時間がいくらでもある」ということです。

時間の過ぎ去っていくのは早いものです。

ボサボサしていると時間がアッという間に過ぎ去っていってしまいます。

しかし、こうも言えるのではないでしょうか。

先を急いだり、焦ったり、「時間的に間に合わない」と心配したりすればするほど、時間は過ぎ去っていくのが早く感じられてしまうのです。

気持ちを落ち着けて、悠然《ゆうぜん》と構えていれば、それだけ時間もゆっくりと流れていくように感じられるのではないでしょうか。

そして「時間はまだまだある。心配はない」という気持ちにもなれます。

34

「とらわれない・心配しない・すぐに対処する」

問題が起こった時はすぐに解決してしまうのがいい

中国の思想家、荘子《そうし》の言葉に、

「過ぎ去ったことにとらわれない。

将来のことを心配しない。

問題が起こった場合はすぐに対処して、いつまでもそのことで悩まない」

というものがあります。

人間が幸せに暮らしていくための方法として参考になる言葉ではないでしょうか。

この言葉の中でもっとも大切なポイントになるのは最後の一節、

「問題が起こった場合はすぐに対処して、その場で問題を解決してしまう」ということではないかと思います。

言い換えれば、「問題が起これば、問題が起こった時に対処すればいい。問題が起こる前から、『こういう事態になったら、どうしよう』などと架空《かくう》の話を作り上げて、あれこれ心配しない」と述べていると思います。

ある意味、楽観的かつ現実的な考え方だと思います。

また、起こった時の問題への対処を長引かせないということも大切なのです。

そこでグズグズしていると、その問題がますます複雑化してしまって問題がますます大きくなってしまいます。

結局は問題を上手く解決できないまま、後々になって「あの時、もっと早く対処しておけばよかった」という後悔を感じることになります。

まさに過ぎ去ったことに心をとらわれることになるのです。

そうなると精神的に落ち込んで、将来的にも悲観的になってしまいます。

そして、あれこれと架空の心配事を作り上げて思い悩むことになるのでしょう。

「問題が起こった時はサッサと片づけてしまう」ということを生活上のモットーにしておけば、将来を心配することもないし、過去を引きずることもないのです。

この荘子の言葉は、そういう意味のことを述べていると思います。

クレームや苦情はすぐに対処することを心がける

たとえば、クレーム処理について考えてみましょう。

会社であればお客さんや取引先からクレームが入ることがあると思います。

家にいても近所の人から苦情を言われることがあるかもしれません。

友人同士の関係でも不平不満を言われることがあるでしょう。

そのような時、人はついクレーム処理を後回しにしてしまいがちです。

喜ばしいことにはすぐに対処できても、クレーム処理に対しては「面倒臭い」「気分が進まない」「後回しにしたい」「なかったことにしたい」といった気持ちが働いてしまうのです。

しかし、そこでグズグズしていると、すぐに対処しておけば解決できたことも、グズグズしている間に取り返しがつかないことになってしまうかもしれません。

クレームを言ってきた相手が怒り出すことになるでしょう。

当初は、おだやかな口調でクレームを言ってきた相手も、今度は「先日の件はどうなったんだ。何をやってるんだ」と怒鳴りつけてくるかもしれないのです。

会社ではその責任を取らされてボーナスを下げられてしまうかもしれません。

また、近所や友人たちの間で評判を落としてしまうことにもなりがちです。

そうなれば、その出来事は「イヤな思い出」としてその後もずっと心に残ってしまうでしょう。「あの時、早くクレームを処理しておけばよかった」と、後々まで後悔することにもなります。

それればかりではなく、自分の将来に関しても「この先、また同じ失敗をするのではないか」「みんなからダメな人間と思われて、私はこの先どうなるんだろう」といった心配事も生まれてきます。

ですから、クレームや苦情といったものは、「すぐに対処して、その場で解決してしまう」ということを心がけるほうがいいのです。

仕事や日常生活の中でクレームや苦情を受けることとは、そう珍しいことではありません。その場合、迅速《じんそく》な対応を心がけておけば心配はいらないでしょう。

35

「習うよりも慣れる」ことで安心できる

実際にその世界に入り込んで、現場で慣れていく

人は「習う」ことで、心配事を解消しようとするものです。

しかし実際には「習う」ことで、ますます心配が大きくふくらんでしまうというケースもあるようです。

ことわざに、「習うよりも慣れろ」というものがあります。「人や本から教わるよりも、実際に経験してみて慣れていくほうが大切だ」という意味を表しています。

このことわざにあるように「習う」よりもむしろ「慣れる」ことを実践してみるほうが、心配から解放されるのは早いようです。

海外での生活が長い男性ビジネスマンの話です。

初めて海外への赴任《ふにん》が決まった時には、とても心配だったそうです。

というのも、彼は英語が得意ではありませんでした。

「ろくに英語も話せない私が、海外で仕事をしていけるのだろうか。仕事どころか、ちゃんと生活していくことさえできないのではないか」という心配で頭が一杯になってしまったと言います。

そこで彼は英会話学校に通ったり、英会話が上達するという教材をたくさん買い込んできて勉強を始めました。

しかし、勉強すればするほど、自分の英語力のなさに愕然《がくぜん》としてしまい、ますます海外での生活に心配を感じるようになったのです。

しかし、会社の命令に逆らうわけにはいきません。

最後は開き直って、海外へ赴任しました。

しかし、心配には及ばなかったのです。

現地で実際に外国人と英語で話すうちに、どんどん英会話に慣れていきました。

もちろん最初はぎこちない英会話しかできませんでしたが、慣れていくうちに、アッという間に英語を上手に話せるようになったのです。

今では海外での仕事や生活にまったく心配はないと言います。

新しい環境に転身する時には、誰でもが「その世界に自分は受け入れてもらえるだろうか」と心配になります。

そして新しい環境での習慣や言語や知識などを覚えようと勉強します。

もちろん勉強することも大切だと思います。

とはいえ「習う」よりも、実際のその世界に入り込んで、現場で「慣れていく」ほうが、ずっと受け入れられるのは早いのです。

まさに新しい世界にスムーズに溶け込んでいくことができるのです。

新しい環境に対して心配する必要はない

人によっては、「十分に勉強して『英会話で苦労する』という心配がなくなってから、実際に海外へ行くほうがいい」と考えるかもしれません。

「慣れるよりも、習うほうが先だ」という考え方です。

しかし、実際には逆のほうが多いのです。

「まずは慣れてから、習う」ほうが上達が早いのです。

赤ちゃんが言葉を覚えていく過程を考えてみましょう。

赤ちゃんは、言葉を習ってからしゃべり出すのでしょうか。そうではありません。

赤ちゃんは、家庭の中で両親に話しかけられたり、人が話す様子を見ながら、しゃべり出すのです。

「習ってしゃべる」のではなく、「慣れてしゃべり出す」のです。

「言葉を習う」のは、実際に言葉をしゃべり出してからのことです。幼稚園や小学校に通い出してからのことなのです。

大人の英会話の習熟法も同じことでしょう。

大正から昭和時代にかけて活躍した小説家、大仏次郎《おさらぎじろう》は、

「人が新しい環境に慣れるのは、驚くほど早いものだ」という言葉を残しています。

その環境に身を置けば、アッという間に慣れてしまいます。ですから、新しい環境に対して心配する必要はありません。

〈心配性を「安心な人生」に役立てる〉五章のまとめ

29＝重たい荷物を抱え込んだときこそ、軽々しく考えていく
30＝病気を心配しすぎるから体調が悪くなる
31＝「一〇〇点満点」を求めず「八〇点主義」でいく
32＝「どうしても約束を守れないことがある」のも現実
33＝急いでいる時こそ、ゆっくり進む
34＝「とらわれない・心配しない・すぐに対処する」
35＝「習うよりも慣れる」ことで安心できる

第六章

人間関係、そんな心配はムダ

36

愛されることを求めすぎるから、心配のタネが尽きない

ラッキョの皮をむくように、相手の心の内を探らないほうがいい

人は、どうでもいいと思っている相手のことなど、あまり心配はしません。愛しているがゆえに、相手のことが心配になってくるのです。

ある女性には、つき合い始めて三年になる彼氏がいます。

彼女は彼のことを心から愛しています。しかし、彼との関係を心配しています。自分が彼を愛しているのと同じように、彼が自分のことを愛してくれているのかどうかはっきりとわからないからです。

彼は彼女にやさしくしてくれています。他の女性と浮気をしていることもありません。彼女との関係を大切に思ってくれている様子です。

しかし、彼は心の奥底から、本心から、自分のことを愛してくれているのかどうか

となると、彼女は確信を持てなくなると言います。

彼女とすれば、心の奥底から、本心から愛してくれていると確信できて、初めて安心できると考えています。

しかし、その確信が持てないために、心配でしょうがないのです。

愛する人から「愛されたい」という気持ちはわかります。

人を愛する経験がある人には、誰にでも共感できる感情でしょう。

しかし、「もっと深い気持ちから、もっと強い気持ちで」ということを求めすぎると、この女性のように「確信が持てずに心配になる」という状態にはまってしまいがちです。

昭和時代の小説家、伊藤整《いとうせい》は、

「愛の実体を追及しすぎることは、ラッキョの皮をむくようなもので、むきすぎるとなくなってしまう」という言葉を残しています。

「愛の実体を追及しすぎること」とは、この女性の例に即して言えば、「彼からの愛情を、心の奥底からの愛情なのか、本心からの愛情なのかを深く突き詰めて考えすぎてしまう」ということに当てはまると思います。

「ラッキョをむきすぎるとなくなってしまう」というのは、「結局相手が何を考えているのかわからなくなる」という意味だと思います。

つまり、「相手が本当に自分を愛してくれているのかわからなくなる。確信が持てなくなる」ということでしょう。

ふだんやさしくしてくれて、自分との関係を大切に思ってくれている様子なら、それに満足するのがいいのです。

それ以上、相手の心の奥底で何を考えているかを、あまり深く突き詰めて考えないことです。

それが安心して愛する人とつき合っていくコツになると思います。

相手の言葉を信じ、相手を信頼していくのがいい

男性にとって、答えづらい女性からの質問があります。

たとえば、彼女や妻から「私を愛している？」ということです。

そこで「もちろん愛しているよ」と答えると、「どんなふうに?」「どんなに深く?」「どんなに強く?」とさらに追及されることがあります。そのような具合に追及を重ねられると、男性とすればなかなか答えづらいのです。

最初のうちは、「それはもう心から愛している」と答えられるかもしれませんが、さらに「『心から』って、どのくらい深く強い『心から』なの?」と追及されていくと、最後には何も答えられなくなってしまいます。

先ほどの伊藤整の言葉を借りていえば、「ラッキョの皮をむきすぎて、何もなくなってしまう」ようなものです。答える言葉を失ってしまうのです。

女性とすれば、自分が相手の男性から「心の奥底から、本心から愛されているという確信」を得たいのでしょう。

しかし、追及に追及を重ねると、相手の男性は言葉を失います。そして、彼女自身も確信を得られないまま相手の本心が心配に思えてきてしまうのです。

「もちろん愛しているよ」と答えてくれる男性を信じて、後はあまり追及を重ねないほうが長くつき合えると思います。

37

結婚の条件は「話していて安らぐ相手」だけでいい

相手にあまり厳しい条件をつけないほうがいい

結婚相手に関して色々と条件をつける女性がいます。

「年収一千万円以上の相手でないと、私は結婚したくない」

「彼の親と同居はしたくない。それが私の結婚の条件だ」

「将来性があり、どんどん出世していく人となら、結婚してもいい」

といったようにです。

男性にしても、結婚する相手に条件をつける人がいます。

「とにかく美人でなければ、結婚する気にはなれない」

「地位のある人の娘さんで、僕の出世を後押ししてくれるような相手が条件だ」

といった具合です。

このように結婚に条件をつけるタイプの人は、男性女性に限らず、心配のタネが尽きないのではないでしょうか。

一つには、「本当にそんな条件に合致した相手が見つかるのか」という心配です。場合によっては、そんな理想の相手は見つからず、誰とも結婚できないまま一生を終えることになるかもしれません。

あまり厳しい条件をつければ、その可能性は大きくなるばかりではないでしょうか。

一方で、もし幸運にも、そのような理想の相手が見つかり、その相手と結婚できたとしましょう。

しかし、けっして安心はできないと思います。

年収一千万円以上であったその相手が、不況の影響のために、結婚後に収入がガクンと落ちてしまう場合もあります。

また、同居を望んでいなくても、相手の親が病気になって誰かの面倒を見てもらわなければならない状態になり、結婚後に親と同居するケースも出てくるでしょう。

将来性があったはずの相手が、結婚後に仕事で大失敗し、リストラされることになるかもしれません。

結婚する前は美人だった相手も、結婚後に年齢を重ねるにつれて、とても美人などとは言えない人に変貌《へんぼう》していってしまうかもしれません。

結婚後に、自分の出世の頼りにしていた、地位のある親が亡くなってしまうかもしれません。

条件にかなった理想の相手は、結婚後も理想の相手であり続けるとは限らないのです。

そうなれば後悔もするでしょうし、「こんな相手とこのまま円満にやっていけるのか」ということを心配せざるをえなくなってきます。

ですから、安心できる結婚相手を得て、安心できる家庭を築いていくためには、相手にあまり厳しい条件をつけないほうがいいと思います。

もっとも大切なのがコミュニケーション

二〇世紀のアメリカの実業家、H・J・ブラウンは、

「『この人と話をしていたい。この人と話をしていると楽しいし、安らげる』と思う相手と結婚すること。結婚後、年を重ねるにつれて、この『話をしていて楽しいし、安らげる』という要素はとても重要に思えてくる」といった言葉を残しています。

結婚相手を選ぶための条件をつけるとすれば、この「話をしていて楽しいし、安らげる」だけでもいいのではないでしょうか。

たとえ相手の年収が落ちても、仕事で失敗しても、容貌が衰えても、「話をしていて楽しいし、安らげる」という相手とは、将来のことを心配して悲観的になることなく、一生安心して一緒に暮らしていけるように思います。

そのためにもっとも大切なのがコミュニケーションです。

お互いに共通の趣味を持ったり、一緒に遊びに行ったりすることも大切でしょう。

コミュニケーションが円滑にはかれ、しかもコミュニケーションによってお互いに楽しく安らかな気持ちになれるのであれば、その相手は「運命の人」なのでしょう。

38

子供は心配しないでも立派に育つ

子供は自分の力で育っていくものと知る

「子供のことが心配でしょうがない」と言う親がいます。

「このままでは将来、私の子供は立派な人間になれないのではないか」

「悪い友だちの影響を受けて、うちの子供が不良の仲間入りをすることになるのではないかと心配だ」

「帰宅時間がちょっと遅れただけで、どこかで交通事故にあっているのではないかと気が気でなくなる」

といった訴えです。

もちろん親であれば、子供の心配をするのは当然のことでしょう。

しかし、その心配の度合いがあまりに大きすぎると、子供の健全な自立心の成長をかえって妨《さまた》げてしまうことにもなります。

子供が大人になっても精神的に親から自立できずに、本人が苦労することになるのです。

また一方で、親自身の心にも悪影響を及ぼすことになると思います。

心配性が強くなりすぎると、それは心への大きな負担になります。

その結果、子供の態度につい イライラしてしまって、小さなことで声を荒げてしまうことになりやすくなるのです。

このように子供に対して心配性になりすぎる親は、子供との関係がベッタリになりすぎてしまっていることが多いようです。

「うちの子供は私がいつも近くから見守っていなければ危ない。子供がやることは勉強だろうと、友だちづき合いだろうと、遊びであろうとも、すべて私が細かい点まできっちり指導してあげなければならない」

という意識が強すぎるのです。

その結果、子供に対していちいち口を出す過干渉《かかんしょう》な親になってしまいがちなのです。

「子供は勝手に育つもの」と、よく言われます。

これは、親がいちいち「ああしなさい。こうしなさい」と口を出さなくても、子供は自分の力で立派に育っていくという意味です。

「親がいなければ、あの子は何もできない」と心配して干渉しすぎるよりも、子供が本来持っている子供自身の「自分の力」を尊重していくほうが、その子供は将来的にたくましい立派な人間に成長できるようです。

「いい距離感」を保ちながら子供とつき合っていく

心理学に「ヤマアラシ・ジレンマ」という言葉があります。

ヤマアラシは、体じゅうが針のように尖《とが》った毛で覆《おお》われた動物です。

ある寒い夜のことです。二頭のヤマアラシが、寒さをしのぐために体を寄せ合っていました。しかし、あまりにベッタリと体を寄せすぎると、針のような毛の先がお互いに突き刺さって痛いのです。

ですが、体を離しすぎると、お互いの体を温め合うことができません。

二頭のヤマアラシは、お互いに体を寄せたり離したりしながら、相手の毛の先が痛くなく、しかも体を温め合うこともできる「ちょうどいい距離」を見つけ出しました。

「ヤマアラシ・ジレンマ」という心理学の言葉は、

「人と人との関係においても、ベッタリと近づきすぎず、かといって相手から離れすぎず、ちょうどいい距離感でつき合っていくのがいい。

いい距離感でつき合っていってこそ、お互いにストレスを感じることなく仲良くやっていける」

という意味を表しているのです。

親と子供との関係においても、そんな「いい距離感」を保っていくことが大切ではないでしょうか。

親が子供にベッタリになりすぎると、子供の自立の妨《さまた》げになります。

逆に子供に冷淡《れいたん》になりすぎると、子供は冷たい心を持った人間になってしまいます。

ベッタリでもなく、冷淡でもない、ちょうどいい距離感がいいと思います。

39

「相手を変えようと思わない」のが円満のコツ

性格や習慣の違いを乗り越えていく、もっともいい方法とは？

結婚して一緒に暮らすようになると、それまで気づかなかった相手の性格や習慣というものが見えてくるものです。たとえば、

「生活習慣がまったく違うことに驚かされた」

「こんなヘンな趣味を持っている人だったとは知らなかった」

「自立心の強い人と思っていたが、マザコンだった」

「他人には大らかだが、家族に対してはこんなせっかちな人だったとは知らなかった」といったことです。

このような相手の「気づかないでいた一面」を知らされることになれば、「この相手と今後うまくやっていけるか心配だ」という気持ちになっても仕方ありません。

そんな心配を解決する方法は三つあります。
①相手の性格や習慣を改めてもらう。自分の性格や習慣に合わせてもらう。
②自分が相手に合わせる。相手の性格や習慣に添うように努力する。
③お互いに相手の性格や習慣を尊重し、「アイムＯＫ、ユーアーＯＫ」という接点を見つけ出す。
この三つの選択肢の中で、おそらく①と②はうまくいかない可能性が大きいのではないでしょうか。

持って生まれた性格や、長年の生活の中で身についた習慣を変えるというのは、なかなか難しいものです。

相手が自分に合わせるのも、自分が相手に合わせる場合でも同じことです。

お互いに、大きなストレスを生み出すことになるでしょう。

そのために、いっそうお互いの関係がギクシャクしていくことにもなりかねません。

フランスの小説家であるシャルドンヌ（一九～二〇世紀）は、

「愛する者が一緒に暮らすには一つのヒケツがいる。それは相手を変えようと思わないことだ」という言葉を残しています。

どんなに愛し合って結婚した者同士でも、無理に相手の性格や習慣を変えさせようとしたり、あるいは自分の性格や習慣を変えようとすれば、その愛は壊れてしまうということを指摘した言葉だと思います。

よく話し合うことで、お互いに安心できる関係になっていく

お互いに異なった性格や習慣を持った者同士が一緒に暮らすというのは、それほど簡単なことではないと思います。

いくら愛し合って結婚した者同士でも難しいことでしょう。

その二人が安心して暮らしていくためには、やはり「お互いに相手のことを尊重する」という気持ちを持つことが大切ではないでしょうか。

一方が一方に犠牲《ぎせい》を強いるという関係は良くありません。

その意味で、先ほどの三つの選択肢のうち③の方法を取るのが、もっともいいのではないかと思います。

そして、「アイムOK、ユーアーOK」と言えるような、お互いに満足できる接点を見つけ出すのに大切なのは「よく話し合うこと」だと思います。

ドイツの哲学者、ニーチェ（一九世紀）は、

「夫婦とは長年にわたる会話である」という言葉を残しています。

話し合う機会が多い人同士ほど、その関係はうまくいくと思います。

夫婦関係はもちろん、あらゆる人間関係で言えることだと思います。

話し合う機会をたくさん持って「相手が大切にしているものは何か」を知ることができれば、それを尊重してあげることができます。

また、話し合いの中で、「自分が大切にしているものは何か」と伝えることができれば、それを相手に尊重してもらえるでしょう。

そのようにして、お互いが尊重し合う関係を築くことができれば、性格や習慣が違う相手であっても、「この人と今後うまくやっていけるのか」などという心配を持たず、安心して一緒に暮らしていけるのではないでしょうか。

「話し合い」は、お互いの関係を成長させるための力になるのです。

40

相性のいい相手が、必ず自分を見つけ出す

自分を好きになってくれる相手、信頼してくれる相手は必ずいる

人と人には「相性《あいしょう》」というものがあります。

相性がいい相手からは好かれます。

一方で、相性が悪い相手からは敬遠されることになるでしょう。

よく、「私は美人ではないから、ステキな結婚相手には恵まれないかもしれない」と心配している女性がいます。

「リーダーシップのない私には、有能な部下はついてこないのではないか」と心配している人もいます。

しかし、実際の人間関係は、必ずしもそのようになるわけではありません。

人が頭で考えて「こうなるんじゃないか」と思うことと、実際に「こうなる」とい

うことは一致しない場合が多いのです。

人間関係もそうです。

美人でなくても、「彼女とは相性が合う」と感じるステキな男性が現れれば、彼は彼女のことを好きになるでしょう。

反対に、たとえ美人であっても、そのステキな男性が「彼女とは相性が合わない」と感じれば、その女性を好きにはならないでしょう。

リーダーシップのない上司であっても、「この人とは相性が合う」と感じる有能な部下は、その上司についていくと思います。

反対に、たとえリーダーシップがある上司であっても、その有能な部下が「この人とは相性が合わない」と感じれば、その上司にはついていけないと思うでしょう。

ですから、人間関係で、「こうだから、私は嫌われる」「こうでないから、私は敬遠される」ということをあまり心配しないほうがいいと思います。

どこかに必ず自分と相性が合う相手がいるはずです。

自分を好きになってくれる相手がいるはずです。

自分を信頼し、自分についてきてくれる相手がいるはずです。

また、そういう相手との出会いがあるはずです。

それを信じて生きていくほうが、安心して生きていけると思います。

「すばらしい出会い」を求めて広い世界に飛び出していく

昭和時代の小説家だった井上靖《いのうえやすし》は、

「自分が歩いてきた過去を振り返ってみると、何とすばらしい出会いがあったことかと思う」という言葉を残しています。

「私は嫌われる」「私は敬遠される」といったことを心配するのではなく、誠実に、一生懸命になって、自分の人生を生きていくことが大切ではないでしょうか。

そうすれば恋人にせよ、結婚相手にせよ、仕事のパートナーにせよ、友人にせよ、恩師にせよ、自然に「すばらしい出会い」がたくさんやってくるでしょう。

自分のほうから「私はこうだから嫌われる。敬遠される」と心配することは、そういう「すばらしい出会い」を得る可能性を狭めてしまう可能性があるのです。

ですから、あまり心配せずに、たくさんの人と出会うことができる場に積極的に参加するように心掛けるほうがいいでしょう。

わずかな人との出会いしか得られない、狭い世界に閉じこもって生きていけば素敵な出会いはありません。

外の世界には、たくさんのいい人がいます。自分と相性の合う相手がたくさんいます。「すばらしい出会い」も数多くあるのです。

世界は広いのです。そして、たくさんの人がいるのです。

昭和時代の小説家、吉行淳之介《よしゆきじゅんのすけ》は、

「どんな相手でも何かのキッカケで知り合うまでは、未知の人間である。しかし、縁のある人と知り合った時には、言うに言われぬ不思議なものを感じる」という言葉を残しています。

「不思議なものを感じる」とは、「運命的な出会いを感じる」ということでしょう。

広い世界に飛び出していけば、必ず「運命の出会い」を得るチャンスがめぐってくるでしょう。

41

他人に振り回されず、自分らしく生きる

他人の生き方は参考にするのはいいが、マネしてはいけない

「自分よりも幸福そうな人」

「自分よりも成功している人」

「自分よりもいい生活をしている人」

「自分よりも能力がある人」


そんな相手と出会う時、人は「私はこのままでいいのだろうか」と心配になります。

そして、自分より幸福そうな人がやっていることを自分でも試してみたり、自分よりも成功している人のマネをしてみたりします。

また、自分よりもいい生活をしている人から話を聞いたり、自分よりも能力がある人から学んだりします。

もちろんそれが自分の生活の向上に役立つ場合もたくさんあります。

しかし、一方で、他人に振り回されて、結局は自分らしい生き方を見失ってしまう人も少なくないようです。

ヒントや参考を得るだけなら問題はありません。しかし、自分よりもうまくいっている人の人生を羨《うらや》ましく思うあまり、単純にその人の生き方をマネしようと思うと、自分らしい生き方を見失ってしまうことになりがちです。

一八世紀のイギリスの文学者、サミュエル・ジョンソンは、

「誰かのマネをして英雄や偉人になった人は、歴史上誰一人としていない」という言葉を残しています。

たとえば、戦国武将の三人の英雄、偉人です。

豊臣秀吉は織田信長のマネをしたから天下人になれたのではありません。

信長の生き方を参考にしながらも、秀吉は秀吉ならではの生き方を貫いたのです。

ですから秀吉は天下人になれたのです。

徳川家康は豊臣秀吉のマネをして、徳川幕府の世の中を開いたのではありません。

秀吉の生き方を参考にしながら、家康は家康の自分の個性を生かした生き方をしたのです。

「私の生き方は、このままでいいのだろうか」と心配になった時、うまくいっている人の生き方を参考にするのはいいのですが、全てそのままその人のマネをしてはいけないのです。

あくまでも自分らしさを見失わないことが大切です。

自分ができることだけをして、できないことはしないのがいい

フランスの作家、ロマン・ロラン（一九～二〇世紀）は、「英雄とは、自分ができることをした人だ。凡人は、自分ができることをしようとせず、自分ができないことをしようとする」という言葉を残しています。

自分よりもうまくいっている人のマネをしようとしても、それは不可能なのです。その人の生き方は、その人にしかできないからです。

織田信長の生き方は、織田信長にしかできないのです。

それを他人がマネしようとしても、それは「自分ができないこと」なのです。

ロマン・ロランは、そのことを理解せずに「自分ができること」を忘れ、織田信長の生き方をマネしようとばかりする人を「凡人」と呼んでいるのです。

織田信長の生き方を参考にしながらも、織田信長の生き方には「自分ができないこと」があることを理解し、「自分ができること」を進めていく人を、ロマン・ロランは「英雄」と呼んでいるのです。

まさに豊臣秀吉も徳川家康も、そのように「自分ができること」を進めていったからこそ「英雄」になれたのでしょう。

自分よりうまくいっている人を見て、「私はこのままでいいのだろうか」と心配したり反省することは悪いことではないと思います。

しかし、そこでまるごと「人マネ」をしてしまう人はステップアップしていくことはできません。

「他人の生き方を参考にしながら、自分らしく生きる」ことを忘れなかった人が、より良い人生を築いていけるのです。

42

会社のためにではなく、自分のために働く

会社ほどアテにならないものはないと心得ておく

「会社人間」と呼ばれるようなタイプの人たちがいます。

一方で、「仕事人間」と呼ばれるタイプの人もいます。

両者とも、まじめに、誠実によく働きます。

しかし、それぞれ目的が違います。

「会社人間」は、会社から認めてもらうために、会社から評価してもらうために、いわば「会社のために働く」人なのです。

一方で「仕事人間」は、いい仕事をするために、また、より大きな仕事を実現するために働きます。

言い換えれば、このタイプの人は、仕事を通して自分自身が成長し、自分が満足す

るために働くのです。

その意味では、仕事人間は「自分のために働く」のです。

現代のビジネス社会では、盛んにリストラが行われています。業績が上がらない会社では、余剰人員が次々に会社から追い出されてしまいます。大手以外のほとんどの会社では終身雇用制度は崩壊してしまっているのです。突然、会社が倒産してしまうことだって珍しくありません。

このような厳しい環境の中では、「会社人間」と呼ばれるタイプの人たちは心配のタネが尽きないのではないでしょうか。

いつ自分が会社から切られてしまうかわからないからです。

今いる会社を頼りにして、今いる会社のために懸命に働いてきたのです。

その今いる会社から見捨てられる事態となれば、「今後、いったい自分は何を頼りにして、何のために生きていけばいいのか」と、それこそ路頭《ろとう》に迷うような気持ちになってしまうでしょう。

その意味では、むしろ「仕事人間」のほうが、このような厳しい環境の中でも、心配することは少ないのではないでしょうか。

このタイプの人は、「会社人間」に比べれば、今いる会社に強く依存しているわけではありません。

「仕事人間」は、自分のために働いてきた人たちなのです。

ですから、たとえ今いる会社から見捨てられることがあっても、それほど動揺せずに済むと思います。

「別の会社へ移っても、そこでの仕事を通してまた自分自身が成長し、自分が満足するために働けばいい」と、上手に気持ちを切り替えることができるのです。

「会社人間」ではなく「仕事人間」を目指す

たとえて言えば、「仕事人間」とは、「目的地へ向かうために電車に乗る」タイプの人です。たとえ今乗っている電車を降ろされることがあっても、次の電車に乗り換えて目的地へ向かえばいいのです。

一方、「会社人間」とは、「その電車に乗ることだけを目的にして、その電車に乗っている」タイプの人たちです。

もしその電車から降ろされることになったら、どうしようもない寂しい気持ちになってしまうでしょう。

ですから、現在のように企業のリストラは盛んに行われる時代には「会社人間」になるのではなく、「仕事人間」になることを目指すほうが、心配なく安心して働いていけると思います。

昭和の実業家、本田宗一郎は、

「会社のために働くな。会社のためになどとカッコイイことを言わずに、自分のために働くのがいい」という言葉を残しています。

本田宗一郎が現役であった頃は、終身雇用の時代でした。

必ずしも現在のようにリストラが盛んに行われていた時代ではありませんでした。

しかし、本田宗一郎は、その時から今のような時代がやって来ることを予見していたのかもしれません。

この言葉は、今の時代だからこそ、大きな意味を持つと思います。

43 別れの後を心配するより、残された時間を大切にする

愛する人と別れる時がやってくるのは、人の運命と知る

問題を回避《かいひ》するためのいい解決策が見つかれば、心配事は消えてなくなります。

しかし、残念ながら、いくら努力してもそのような解決策など見つからないケースが人生にはあることも事実です。

そのような事実に直面した時は、その現実をまるごと受け入れるしかありません。

たとえば「愛する人との死別」という問題です。

どんなに愛し合い、強い絆《きずな》で結ばれた夫婦同士であったとしても「一緒に死ぬ」ことはできません。

どちらかが先に死んでいきます。

ある意味、先に死んでいく側の人は寿命なので仕方ないかもしれません。

深刻なのは、この世に残された側の人です。

ある女性は、愛する夫と死別しました。夫はガンで死亡しました。

病院で夫が医者からガンであることを宣告され、「余命三カ月です」と言われた時には、目の前がまっ暗になったと言います。

「あの人のいなくなった世界で、私は生きていけるだろうか」

「あの人はずっと私の心の支えだった。支えを失ったら、私はどうなってしまうのだろう」

という心配に、彼女はどうしようもなく切ない気持ちになったと言います。

しかし、「愛する人との別れ」を回避するような解決策はありません。

結局は受け入れるしかないのです。

この女性も、ある日から、受け入れる決心をしたと言います。

「夫が旅立つ日は確実にやってくる。その日が来たら、心静かに受け入れよう」と。

そして、受け入れる決心をしたことで「先々のことを心配するよりも、今を大切にしていくことが大切だ」と気づかされたと言います。

そして、「夫に命がある間は一生懸命に夫のために尽くしてあげよう。夫と一緒にいる時間を大切にしよう」という思いに至ったのです。

そして毎日病院へ通って、夫のベッドの横にずっとつき添っていました。

その間、献身的に看病し、世話をし、色々な話をしたのです。

また、彼女はこのように夫と自分の関係に残された時間を大切に過ごすことで「先々の心配事」が頭をよぎることもなかったのです。

そして、夫の旅立ちの瞬間を静かな心で迎えることができたのです。

夫がいなくなった後も、一人残された現実を静かに受け入れ、自分なりに充実した人生を送っているとのことです。

受け入れる決心をした時、心配も消える

「愛する人との死別」だけではありません。

問題を回避《かいひ》するための解決策がない事柄は、人の人生には他にもたくさんあるようです。

たとえば、自分自身の「老《お》い」です。

年齢と共に、老いを実感している人も多いと思います。

昔できていたことができなくなったり、記憶力が悪くなったり、若い頃のようにエネルギッシュに働けなくなります。ちょっと無理をしただけで、体のあちこちが痛くなります。また、回復する時間が長くなります。

そんな自分自身の老いを実感しながら、「あと十年たったら、自分はどうなっているのだろう。もっと老いが進んでいるかもしれない」などと心配している人もいるのではないでしょうか。

しかし「老い」を回避する方法など、人間にはありません。

時間の経過と共に老いていくのが人間の運命なのです。

ならば、その「老い」を受け入れるしかないのではないでしょうか。

老いに逆らうことなく、今の年齢でできることを精いっぱいして、その中で人生を楽しんでいくしかありません。

そのように「受け入れる決心」をした時、老いへの心配も消えるでしょう。

〈人間関係、そんな心配はムダ〉六章のまとめ

36＝愛されることを求めすぎるから、心配のタネが尽きない
37＝結婚の条件は「話していて安らぐ相手」だけでいい
38＝子供は心配しないでも立派に育つ
39＝「相手を変えようと思わない」のが円満のコツ
40＝相性のいい相手が、必ず自分を見つけ出す
41＝他人に振り回されず、自分らしく生きる
42＝会社のためにではなく、自分のために働く
43＝別れの後を心配するより、残された時間を大切にする

第七章

不幸にする心配、幸せを生む心配

44

人を疑いすぎれば、自分自身が不幸になっていく

無理やり疑わしい行動をほじくり出すのは邪悪

疑い深い人には、心配事が晴れる時がありません。

ある女性は、「夫は浮気しているのではないか」と疑っています。

確たる証拠があるわけではありません。

しかし、夫の帰宅時間が毎日遅く、休日出勤をすることも珍しくありません。

また、地方への出張のために外泊することも多いようです。

夫は「仕事だから、しょうがないんだ」と言い訳するそうです。

しかし、彼女は「『仕事だから』というのは嘘で、私に隠れて浮気している相手に会っているのではないか」と疑っているのです。

そのために、

「彼に見捨てられた私は、今後どうなるのだろう」

「いつ『他に好きな人ができたから、別れてほしい』と言い出されるのか」

「友人たちから『捨てられた女』というレッテルを張られて、恥ずかしい思いをすることになるに違いない」

という不安に気が休まる時がないのです。

「このままでは、生きることが辛くて、苦しくてしょうがない」とまで言うのです。

こんな彼女が、辛さや苦しさから解放される方法は一つしかないと思います。

それは「人を疑う気持ち」を捨て去るということです。

江戸時代の養生《ようじょう》学者である貝原益軒が鋭い指摘をしています、

「人を疑う気持ちには、正しいものと邪悪なものがある。

疑うだけの確かな証拠があり、静かによく考えた結果、『やはり間違いない』と思えることを疑うのは正しい。

確かな証拠もないのに疑い、無理やり相手の疑わしい行動をほじくり出すようなことをするのは邪悪である」と述べているのです。

そして、そのような「邪悪な疑い」にとらわれたままでいると、心身に悪影響が及ぼされ、その人は病気になってしまうと言うのです。

彼女の場合、まさにこの「邪悪な疑い」にとらわれていたのです。

ですから、彼女の場合、「人を疑う気持ち」を捨て去ると不安が解消されると思います。

信頼し合ってこそ、おだやかな幸福感が生まれる

人と人とは、まずは「信頼し合う」ということが大切ではないでしょうか。

信頼し合ってこそ、お互いに心安らかに生きていけます。

そして、相手との間には、おだやかな幸福感が生まれるのです。

夫が「仕事が忙しくて、帰宅時間が遅くなる。休日出勤もしなければならない」と言うのであれば、その言葉通りに夫を信頼し、「私のために一生懸命に働いてくれているのだろう。ありがたいことだ」と考えるほうがいいと思います。

それが自分自身の心の平安にもなるのです。

決して確たる証拠もないのに、「浮気しているのではないか」などという疑いを持たないことです。

怖ろしいことに、人を疑う気持ちにはキリがありません。

いったん相手を疑い出すと、相手の言うこと行うことすべてが偽りに思えてきます。

それは、結局は、辛く苦しい精神状態へと自分自身を追い詰めていく結果になるのです。

昭和時代に活躍した小説家である井上靖《いのうえやすし》は、

「人間の苦しみの中で、人を疑うことほど苦しいものはない。火あぶりの刑にされるよりも、はりつけの刑にされるよりも、もっと苦しいのではないか」

という言葉を残しています。

人を疑うことによって、火あぶりの刑、はりつけの刑にされるよりも、もっと苦しいことになるのは、他ならぬ「自分自身」なのです。

疑わなくてもいいことを疑い、みずから自分自身を不幸にしていくのは愚かなことだと思います。

45 「同じ失敗を繰り返す」ではなく「失敗したから成功する」

一度失敗したことに対して積極的に再チャレンジしていく

何かで一度失敗した経験がある人は、同じ状況に立たされた時、「また同じ失敗を繰り返すのではないか」という不安にとらわれることがよくあります。

たとえば、ビジネスを広げていくために、ある会社に営業をしに行ったとしましょう。

しかし、その会社からは「そんな話は、うちの会社ではまったく興味がない」とキッパリ断られてしまったとします。

そのような経験をした人は、またその同じ会社に商品や企画を売り込む機会があったとしても、以前の断られた経験がトラウマになって「一生懸命に営業をしたとしても、また断られることになるのではないか」という不安に心がとらわれてしまうことになります。

その結果、その会社に営業をかけるのを避けてしまう人もいると思います。

しかし、そこがビジネスの世界で成功する人と、成功できない人の別れ道になってしまうことも多いようです。

成功できない人は、「また同じ失敗を繰り返すことになるのではないか」という不安を呼び起こすことを避けたがります。

ふたたびそれにチャレンジすることをしないのです。

しかし、成功する人は違います。

「また同じ失敗を繰り返す」と心配するのではなく、「失敗したからこそ、成功するチャンスを得られた」と前向きに考え、一度失敗したことに対して積極的に再チャレンジしていくのです。

もちろん無暗に再チャレンジするのではありません。

一度目の失敗をよく分析するのです。

なぜ失敗したかを考え、ではどうすれば次の機会に成功に導けるか対策を講じます。

だからこそ、「失敗することによって、成功するチャンスを得られた」と考えることができるのです。

一八～一九世紀にかけてのアメリカで活躍した牧師、チャニング・ウイリアムズは、「失敗は、我々が前進するための訓練である」という言葉を残しています。

なぜ失敗したのか分析し、失敗からたくさんの知恵を学び取り、それを次の再チャレンジに生かすことができてこそ、「失敗は前進するための訓練」になると思います。

「また同じ失敗を繰り返すことになる」という不安から尻込みしているのでは、一歩も前進していくことはできないでしょう。

失敗をいい教訓にすれば、安心して生きていける

戦国時代を勝ち抜いて徳川幕府を打ち立てた徳川家康は、若い頃にライバルであった武田信玄《たけだしんげん》との戦《いくさ》で大敗した経験を持っています。

もし家康が「失敗を前進するための訓練」にする知恵と戦略がない武将であったなら、信玄に負けた経験がトラウマになって戦が起こるたびに、

「また負け戦をしてミジメな思いをすることになるのではないか。場合によっては首を取られる羽目になるかもしれない」という不安から逃げ回っていたかもしれません。

しかし、家康は信玄に負けた経験から、「なぜ自分は負け戦をしてしまったのか」を冷静に分析し、「二度とあのようなミジメな思いはしたくない」と、戦に出る時には事前に、確実に勝てるように綿密な戦略を立てるようにこころがけるようになったのです。

ですから家康は「失敗を前進するための訓練」にすることができたのです。

その後、連戦連勝を重ね、天下人《てんかびと》にまで登りつめることに成功したのです。

「失敗を前進するための訓練」にすることが大切なのは、勝負事やビジネスの世界だけに言えることではありません。

人生のあらゆる場面において大切な教訓になります。

恋愛、資格試験の勉強、料理、趣味でやるゴルフや釣りに至るまで、あらゆることにおいて「失敗を前進するための訓練」にすることが大切になってきます。

また、それをできる人が、実りある豊かな人生を手にすることができると思います。

46 「心配しすぎ」は良くない。「適度な心配」は必要

賢い判断の力になるのは「心配する」という感情

何かを「心配する」ということは、それ自体、悪いことではないと思います。

それは人生のリスクを回避する上で、とても重要な感情です。

江戸時代中期の儒学者である湯浅常山《ゆあさじょうざん》は、

「敵の放った弓矢や石がバンバン飛んでくる戦場に、我先《われさき》に出ていくのが勇気ではない」という言葉を残しています。

そのような危険なまねをする人間は「勇気がある」のではなく、むしろ「無鉄砲《むてっぽう》」なだけだと言うのです。

結局、その武士は、雨あられのように飛んでくる弓矢や石にぶつかって倒れることになるでしょう。

「『今あの戦場に出ていくのは危ない』と、ひとまずは安全な場所に待機することが賢い」と、湯浅常山は述べているのです。

そして、人にそのような賢い判断を働かせる力になるのは、「心配する」という感情だと思います。

「心配する」という感情なしに、闇雲《やみくも》に無鉄砲なことをする人は、何かと危ないのです。

「心配する」という感情を正常に働かせて賢い判断ができる人は、安心できます。

戦場の武士についてだけではありません。

一般人の人生についても同じことが言えます。

「こんなことをしたら、たいへんな事態になる。身の破滅を招く」とわかりきっていることに、あえてチャレンジするのは「無鉄砲」です。

けっして「勇気がある」のではありません。

「リスクの多いことをしたらどうなるか」ということを心配する感情が働くからこそ、無鉄砲な行動を抑制できます。

ですから「これに関しては、あえて手を突っ込まないほうがいい」という賢い判断ができるのです。

「心配しすぎ」は、たしかに良くありません。

しかし、「適度な心配」は、安心して生きていくために必要な条件の一つでもあるのです。

いい意味での怖がりは人生のリスクを上手に避ける

昭和時代に活躍した小説家、庄野潤三《しょうのじゅんぞう》は、

「いい意味で怖がりになることは、物事の現実を的確に見極める能力を高める。その人はリアリストになる」といった言葉を残しています。

これも参考になる言葉ではないでしょうか。

極端に怖がりになりすぎると、人は物事の現実を見誤ります。

それほど危険がないことを心配しすぎて消極的な人間になってしまう場合もあるでしょう。

どうでもいいような心配事に振り回されて、せっかくのチャンスを逃すこともあるでしょう。

ですから、「極端に怖がり」になるのは良くありません。

しかし、「いい意味での怖がり」でいることは良いことなのです。

いい意味での怖がりは、人生のリスクを上手に避けることができます。間違った判断や行動を取って、みずからを危ない状況に追いこむことはありません。

昔、いい消防士になるために必要なのは、いい意味で怖がりになることだという話を聞きました。

火の中に無鉄砲に飛び込んでいくのは危ない行為です。救出する消防士の身を危険にさらすことにもなるかもしれません。また、自分だけではなく、同僚の消防士まで危険に巻き込むことにもなります。

しかしながら、火を怖れていたら、消防士という職業は勤まらないのです。

要は、極端な怖がりといい意味の怖がり、心配しすぎと適度な心配と的確な判断が大切だということではないでしょうか。

47

「与えられる」ことを期待しない、「与える」人間になる

求めてばかりいる人は心配しながら生きていく

新約聖書に「与えられるよりも、与えるほうが幸せである」という言葉があります。

たとえば、人から施《ほどこ》しを与えてもらうことを期待しながら生きている人がいたとしましょう。

その人は、ある意味、いつも心配事を抱えながら生きていくことになると思います。

というのも、自分の周りにいる人たちは、すべて自分に施しを与えてくれる相手であるとは限らないからです。

ですから、求めてばかりいる人は、人に会うたびに「この人は私に何か施しを与えてくれるだろうか」ということを心配しながら生きていかなければなりません。

会った人が何の施しも与えてくれなかったら、期待を裏切られてガッカリするでし

ょう。

　ですから、いつも会う相手からガッカリさせられることを心配しながら生きていかなければならないのです。

　一方で、人に施しを与えることを喜びにしている人は、心配事に悩むことはないと思います。

　相手の意思にかかわらず、自分がその気にさえなれば、確実に相手に施しを与えることができます。自分自身がその気にさえなればいいのです。

　ですから、与える人の思いは必ず実現し、心はいつも「人のために施しができた」という満足感に満ちあふれているでしょう。

　そういう意味のことを、この新約聖書の言葉は述べていると思います。

　現代の一般人にも、この新約聖書の言葉は参考になるのではないでしょうか。

　人から「何かしてもらう」ことばかり期待しているのはよくありません。

　自分自身が人に「何かをしてあげる」人間になることを考えるほうがいい生き方になると思います。

そう決心するほうが、心配事にわずらわされることなく、満ち足りた気持ちで生きていけるでしょう。

いいことをした満足感は、その人を裏切ることはない

イランのことわざに、「食べさせられたものは腐るが、与えたものは自分の心の中でバラの花になる」という意味を表すものがあります。

先の新約聖書の言葉の紹介で、「人から施《ほどこ》しを与えてもらうことを期待しながら生きている人は、いつも心配事を抱えている。出会う相手が施しを与えてくれるかどうかわからないからだ」と述べました。

しかし、たとえその相手が施しを与えてくれる人だとわかっても、安心はできません。なぜなら、その施しの内容が問題になるからです。

その相手は、こちらが期待していた通りのものを与えてくれないかもしれません。

その施しは、「何だ、こんなものか」と、ガッカリさせられるものかもしれません。

ですから、その人は「いったいどんなものを施してくれるのか。期待どおりのもの

を施してくれるのか」ということも心配しなければならなくなります。

人の人生では、たいていは、ガッカリさせられることのほうが多いのではないでしょうか。期待外《はず》れに終わることが多いと思います。

イランのことわざにある「食べさせられたものは腐る」とは、そのことを意味しているのです。

一方で「与えたものは自分の心の中でバラの花になる」というのは、「人のために何かを与えるという行為によって、自分の心の中に大きな満足感が生まれる」ということです。「バラの花になる」というのが、「いいことをしたことによって得られる満足感」を指しているのです。

このイランのことわざも、人から「何かしてもらう」ことを期待するのではなく、自分自身が人に「何かをしてあげる」ほうが安心して生きていけるということを述べているのです。

48

一人でいるよりも、家族や仲間といれば安心

孤独な一人旅をしている人は不安にかられる

孤独な人は、物事を悲観的に考えてしまいがちです。

しかし、家族や仲間と一緒にいる人は、同じ事態に見舞われたとしても、孤独でいる人よりもずっと安心していられます。

20世紀のルーマニアの小説家、ゲオルギュは、

「孤独はこの世でもっとも怖い。

どんなに辛い状況にあったとしても、みんなと一緒なら耐えられる。

しかし、孤独な人は死ぬ思いをすることだろう」

と述べています。

たとえば、病気で入院したとしましょう。

孤独な人は、おそらくさほど深刻ではない病気でも、自分の将来が不安に思えてきてしまうのではないでしょうか。

「このまま普通の生活に戻れなくなるのではないか。退院できたとしても日常生活に支障が出てしまうのではないか。そうなったら、どうやって生きていけばいいのか」といった強い不安に襲われてしまうのです。

しかし、やさしい家族や仲間がいる人であれば、

「たとえ病気のために日常生活に支障が出てしまう事態になっても、家族や仲間の助けがあれば安心していられる」と、落ち着いた気持ちで考えられるのではないでしょうか。

家族や仲間が一緒にいてくれることで、心強くいられるのです。

また、旅行先で道に迷ってしまったとしましょう。

孤独な一人旅をしている人は、

「道に迷ったまま、ホテルに帰れなくなるかもしれない。ウロウロしている時に、悪い人間に襲われることになるかもしれない」といった不安にかられることになるのではないでしょうか。

しかし、仲間と一緒に旅行している人であれば、みんなで、「どこで道を間違えたんだろう」「お菓子屋があった曲がり角じゃないか」「だったら、こう行けば目的地へ辿りつくことができるだろう」と話し合うことで、よけいな心配にとらわれることもないのです。

つまり、仲間がいることで、気弱にならずに済むのです。

そういう意味では、家族や仲間と共にいるということは、安心して暮らしていくためにはとても大切なことだと思います。

手を貸してくれる人がすぐに現れれば

イギリスのことわざには、「連れがいれば、道がはかどる」というものがあります。

「連れ」というのは、「仲間」や「家族」を示しています。

「道がはかどる」というのは、何事をするのであれ、「人生という道を遠くまで前進していける」ということを意味しているのでしょう。

孤独な人は、しばしば心配事のために心をとらわれ、歩みを止めてしまいます。同じ地点をウロウロと歩き回ってしまいます。

そのために人生が停滞《ていたい》し、人間的な成長も遅れがちになってしまうのではないでしょうか。

仕事については、次のようなことが言えます。

たとえ大勢の人が集まる大企業で働いていても、周りに一人も仕事の相談をできる相手がいない人は孤独です。また、忙しい時に手を貸してくれない人がいない人は孤独です。

このような孤独な人は、ちょっとしたアクシデントに見舞われた時に、「どうしよう」と慌てふためいてしまいがちです。

「このままでは上司に怒られる。取引先から怒鳴られる」と、心配でどうしようもなくなります。

ですから、仕事が遅れ遅れになっていくのです。

職場の中でいい仲間に恵まれている人は、アクシデントに見舞われることがあっても相談に乗ってくれ、また手を貸してくれる人がすぐに現れます。

ですから仕事を早く終わらせて次の段階へ進んでいけるのです。

49

心配性の人ほど笑うことが必要

笑うことで心が楽になる、笑うことで気持ちが前向きになる

18世紀のフランスの劇作家、ボーマルシェは、

「泣き出したくなったら、急いで笑うのがいい」という言葉を残しています。

この言葉は「笑うことには、人の心を癒《いや》す効果がある」ということを述べているのです。

つまり、「笑うことで悲しい気持ちが癒され、心をかき乱されずに済む」ということです。

笑いが心を癒すのは、悲しみの感情ばかりではありません。

物事を心配する気持ちもそうです。

やはり笑うことによって気持ちが楽になり、「どうにかなるさ。あまり心配しなく

てもいい」と楽観的になれるのです。

心配事に心がとらわれた時、イライラした顔をしたり、悲観的な表情をしていたり、「どうしよう」と慌てふためいたりしていると、心の中で心配がますます大きくなっていくばかりです。

そういう意味では、心配性の人ほど日頃から笑うことを心掛けておくほうがいいと思います。

周りの人たちに冗談を言ったり、ダジャレを言ったりして、みんなで笑い合うという方法もあるでしょう。

もし一人でいる時には、面白い経験を思い出して笑うのもいいかもしれません。

時間がある場合には、漫才を見たり、落語を聞いたりするのもいいでしょう。

こんなエピソードがあります。

第二世界大戦の時のイギリスの首相は、チャーチルという人物でした。

当初、イギリスの首都であるロンドンは、ヒットラー率《ひき》いるナチスの激しい空襲を受けていました。

そこでチャーチルのもとに内閣の主要なメンバーが集められ、ナチスの攻撃にどう対処するかが話し合われることになりました。

集まったメンバーは、みな「この先、どうなってしまうのか」と心配そうな顔をしていました。

そのメンバーの顔を見て、チャーチルは、

「そんな心配そうな顔をしていたら、いいアイディアなど思いつかない。気持ちが悲観的になっていくばかりだ。笑いなさい。笑えば気持ちが前向きになり、いいアイディアも思い浮かぶだろう」と述べたと言われています。

心配症の人には参考になる話ではないでしょうか。

笑うことで、脳の働きが活性化する

脳科学の世界では、次のように言われています。

笑うことによって人間の脳の中では、脳の働きを活性化させる物質の分泌が盛んになるということです。

そのために実際に、精神が安定し、気持ちが安らかになり、心配事を解決するようないいアイディアも思い浮かぶようになると言うのです。

先ほどのチャーチルの言葉は、脳科学の世界で認められていることでもありました。

次のような歴史上のエピソードもありますから紹介しておきましょう。

明治維新の功労者に西郷隆盛《さいごうたかもり》がいます。

隆盛は一度は明治政府に参画しますが、その後政治的な対立のために政府を離れ、生まれ故郷の鹿児島に帰ります。

そして鹿児島で明治政府への反乱を起こしたのです。

しかし、隆盛は九州の各地で、明治政府が差し向けてきた軍隊に敗戦を重ねます。

しかし、どんなに負け戦《まいくさ》を重ねても、隆盛たちは悲観的になることはなかったのです。

みんなで冗談を言い合って笑いを絶やさなかったのです。

「今後どうなってしまうのか」と心配する者もいなかったと言います。

そのおかげで、最後まで勇敢に政府軍と戦い続けられたのです。

50

心にエネルギーがあれば心配事をはねのけられる

心配事の解決策を考えるよりも先に、心にエネルギーを補充する

心配事で気持ちが滅入ったり、悲観的になってしまうのは、もしかしたら心のエネルギーが消耗《しょうもう》していることが原因かもしれません。

心にエネルギーが満ちあふれている時には、多少の心配事があってもはねのけて自分の人生を前進させていくことができます。

しかし、心にエネルギーがなくなっている時には、それができません。

ちょっとした心配事でヘナヘナになって、その場に立ち往生してしまうことになるのです。

20世紀のフランスの作家であり、『星の王子様』の作者として有名なサン・テグジュペリは、

「人生では、解決策が先にあるのではない。先へ進んでいくエネルギーが重要だ。エネルギーを作り出さなければならない。そうすれば解決策は後からついてくる」という言葉を残しています。

たとえば、今、人生の心配事を抱え込んでいるとしましょう。

心のエネルギーが消耗して精神的に気力が出ない状態で、心配事の解決策を考えたり実行したりすることは賢いやり方ではないのです。

その時はいい解決策を思いつくことができません。

いい解決策を思いつかないことに、イライラさせられたり、ますます気分が滅入ってくるだけなのです。

行動を起こしても、やる気が持続しません。

途中でイヤになり、投げ出してしまいたくなります。

そのような中途半端な事態におちいれば、心配事はいっそう重く心にのしかかってくるばかりなのです。

心のエネルギーが消耗している時は、心配事があることはいったん忘れ、気分転換をはかるほうがいいでしょう。

ちょっとの間休息を取ったり、あるいは楽しいことをして、心にエネルギーが充電されるのを待つのです。

そして、心にエネルギーが十分に満ちあふれた段階で、心配事に立ち向かっていくほうがいいのです。

そうすれば、その心配事を難なく解決できるのではないでしょうか。

ガソリンの少ない状態で、車を目的地まで走らせると心はいつも心配になります。ガソリンを満タンにしてから車を目的地へ向かって走らせれば、途中でガス欠《けつ》を起こして立ち往生してしまうことはありません。つまり、心配事も起きないのです。

心に元気があれば、心配事にわずらわされることはない

中国のことわざに、

「犬小屋の犬は、小さなノミが体についただけで騒ぎ立てる。狩りをする犬はノミのことなど気にしない」というものがあります。

この言葉にある「犬小屋の犬」とは、「狩りに出ていく元気のない犬」のことです。

そして、さらには「元気のない人間」のことを指しているのです。

心のエネルギーが消耗してしまった人間です。

「小さなノミ」とは、「小さな心配事」を表します。

つまり、「心のエネルギーが消耗して元気のない人間は、小さな心配事が生じただけでも『どうしよう、どうすればいいんだ』と慌てふためく」と述べているのです。

一方で、「狩りをする犬」というのは「元気いっぱいに走り回る犬」です。

これはつまり「活力にあふれた人間」「心にエネルギーの満ちあふれた人間」を指しています。

そのように活力ある人間は「ノミのことなど気にしない」、つまり「心配事あっても、そんなことは気にせずに精力的に活動する」ということを述べているのです。

この中国のことわざも、やはり、「心にエネルギーを満たしておくことの大切さ」を述べていると思います。

つまり、元気さえあれば小さいことは気にならない、ということです。

〈不幸にする心配、幸せを生む心配〉七章のまとめ

44＝人を疑いすぎれば、自分自身が不幸になっていく

45＝「同じ失敗を繰り返す」ではなく「心配したから成功する」

46＝「心配しすぎ」は良くない。「適度な心配」は必要

47＝与えられることを期待しない、与える人間になる

48＝一人でいるよりも、みんなでいる

49＝心配性の人ほど笑うことが必要になる

50＝心にエネルギーがあれば心配事をはねのけられる

本書は2014年3月に出版した書籍を改題改訂したものです。

「心配ぐせ」を無くせば人生10倍豊かになる

著　者　　植西　聰
発行者　　真船美保子
発行所　　KK ロングセラーズ
東京都新宿区高田馬場 2-1-2　〒 169-0075
電話（03）3204-5161(代)　振替　00120-7-145737
http://www.kklong.co.jp
印刷・製本　中央精版印刷(株)
落丁・乱丁はお取り替えいたします。
※定価と発行日はカバーに表示してあります。
ISBN978-4-8454-5130-2　C0270　Printed In Japan 2021